Altas habilidades/superdotação

um diálogo pedagógico urgente

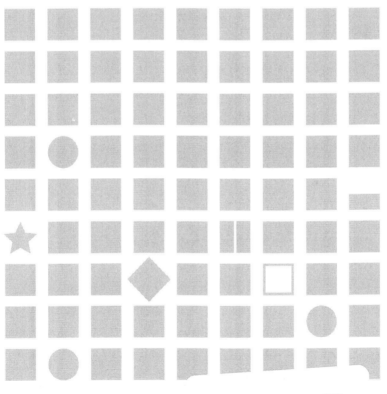

O selo DIALÓGICA da Editora InterSaberes faz referência às publicações que privilegiam uma linguagem na qual o autor dialoga com o leitor por meio de recursos textuais e visuais, o que torna o conteúdo muito mais dinâmico. São livros que criam um ambiente de interação com o leitor – seu universo cultural, social e de elaboração de conhecimentos –, possibilitando um real processo de interlocução para que a comunicação se efetive.

Altas habilidades/ superdotação
um diálogo pedagógico urgente

Angela Virgolim

EDITORA intersaberes

Rua Clara Vendramin, 58 . Mossunguê . CEP 81200-170 . Curitiba . PR . Brasil
Fone: (41) 2106-4170 . www.intersaberes.com . editora@editoraintersaberes.com.br

Conselho editorial
Dr. Ivo José Both (presidente)
Drª Elena Godoy
Dr. Neri dos Santos
Dr. Ulf Gregor Baranow

Editora-chefe
Lindsay Azambuja

Gerente editorial
Ariadne Nunes Wenger

Analista editorial
Ariel Martins

Preparação de originais
Fabrícia E. de Souza

Edição de texto
Arte e Texto Edição e Revisão de Textos
Viviane Fernanda Voltolini

Capa e projeto gráfico
Bruno Palma e Silva (*design*)
voyata/Shutterstock (imagem de capa)

Diagramação
Ensinar Digital

Equipe de *design*
Charles L. da Silva
Sílvio Gabriel Spannenberg

Iconografia
Célia Regina Tartalia e Silva
Regina Claudia Cruz Prestes

Dados Internacionais de Catalogação na Publicação (CIP)
(Câmara Brasileira do Livro, SP, Brasil)

Virgolim, Angela
  Altas habilidades/superdotação: um diálogo pedagógico urgente/Angela Virgolim. Curitiba: InterSaberes, 2019. (Série Pressupostos da Educação Especial)

  Bibliografia.
  ISBN 978-85-5972-952-8

  1. Inteligência 2. Interdisciplinaridade na educação 3. Pedagogia 4. Psicologia educacional I. Titulo. II. Série.

18-22409   CDD-370.152

Índices para catálogo sistemático:

1. Múltiplas inteligências: Psicologia educacional 370.152

Iolanda Rodrigues Biode – Bibliotecária – CRB-8/10014

1ª edição, 2019.
Foi feito o depósito legal.
Informamos que é de inteira responsabilidade da autora a emissão de conceitos.
Nenhuma parte desta publicação poderá ser reproduzida por qualquer meio ou forma sem a prévia autorização da Editora InterSaberes.
A violação dos direitos autorais é crime estabelecido na Lei n. 9.610/1998 e punido pelo art. 184 do Código Penal.

Sumário

9   *Apresentação*
15 *Organização didático-pedagógica*

Capítulo 1
19 **A inteligência em seus primórdios: uma visão histórica**
21 1.1 Nascimento da psicologia como ciência
30 1.2 A influência de Francis Galton
36 1.3 Binet e o primeiro teste de QI
41 1.4 Terman e o teste Stanford-Binet
43 1.5 A teoria fatorial de Spearman
44 1.6 A teoria de Thurstone
46 1.7 A teoria de Cattell
47 1.8 O que os testes medem?

Capítulo 2
57 **O papel da criatividade e da afetividade na inteligência**
58 2.1 A pesquisa longitudinal de Terman sobre os "gênios"
64 2.2 Os testes de Guilford
67 2.3 Os testes de Torrance
69 2.4 A inteligência na visão de Piaget
71 2.5 A inteligência na visão de Vygotsky
73 2.6 Para além da psicometria: novas visões da inteligência
82 2.7 A inteligência emocional

Capítulo 3

91   Concepção das altas habilidades/superdotação: a teoria dos três anéis de Renzulli

94   3.1 Por que desenvolver talentos?
96   3.2 Potencialidades
98   3.3 O termo *superdotado*
106   3.4 Definição brasileira
108   3.5 Elementos importantes na superdotação
111   3.6 O modelo de enriquecimento escolar
116   3.7 O que produz a habilidade superior? A teoria dos três anéis

Capítulo 4

131   A identificação da superdotação e o modelo de enriquecimento de Renzulli

133   4.1 Propósitos da identificação
136   4.2 Tipos de superdotação
141   4.3 Composição do *pool* de talentos
154   4.4 A identificação de grupos especiais

Capítulo 5

169   Aspectos socioafetivos da superdotação

170   5.1 Aspectos afetivos
172   5.2 A taxonomia de Bloom e Krathwohl
176   5.3 Objetivos da aprendizagem no domínio afetivo
177   5.4 Fontes de estresse
185   5.5 Principais características afetivas nas altas habilidades
195   5.6 O assincronismo
199   5.7 A teoria de Dabrowski e as supersensibilidades
202   5.8 Estratégias para pais e professores

Capítulo 6

207 **Estratégias criativo-produtivas para crianças e jovens superdotados na escola**

209 6.1 O que é criatividade?
212 6.2 Habilidades na base do construto da criatividade
228 6.3 Componentes do ensino efetivo
230 6.4 Desenvolvimento de habilidades básicas do pensamento criador

239 *Considerações finais*
243 *Referências*
267 *Bibliografia comentada*
269 *Indicações culturais*
275 *Respostas*
299 *Sobre a autora*

Apresentação

Ao escrever este livro, mantivemos o foco em você, professor, que se debruça sobre uma área que talvez lhe seja nova e procura entender seus meandros, suas peculiaridades e sua abrangência. As *altas habilidades/superdotação* – expressão oficialmente adotada pelo Ministério da Educação (MEC) para se referir a alunos talentosos, brilhantes, aptos e capazes – têm sido bastante estudadas e pesquisadas ao redor do mundo, com destaque para os Estados Unidos, que reúne a maior produção conjunta na área.

O Brasil tem se inspirado nos modelos estadunidenses, mais especificamente em suas teorias e seus modelos de superdotação, para dar suporte às políticas públicas que vêm sendo criadas no país desde a década de 1970. No entanto, apenas em 2005 tais teorias e modelos se consolidaram nos Núcleos de Atividades para as Altas Habilidades/Superdotação (NAAH/S) e em programas correlatos das secretarias de Educação de todos os estados. A criação do Conselho Brasileiro para Superdotação (ConBraSD), em 2003, deu suporte à implantação dos NAAH/Ss pelo MEC, disponibilizando mestres e doutores para a capacitação de professores e produção de pesquisas. A última década presenciou, assim, um salto qualitativo para a superdotação no Brasil, com uma produção científica substancial na área, que nos coloca em diálogo com importantes centros de pesquisas, estudos e atendimento ao superdotado tanto no Brasil quanto no exterior.

As altas habilidades/superdotação são um tema apaixonante, e este livro reflete os principais questionamentos da área, mostrando tanto a história passada quanto as tendências futuras. Torna-se importante para o professor se familiarizar com essa população que, tradicionalmente, tem passado despercebida nos bancos escolares. Nesse sentido, a invisibilidade do superdotado é preocupante, uma vez que a Organização Mundial de Saúde (OMS) estima que de 3% a 5% de toda a população seja superdotada no âmbito acadêmico. Se estimarmos que o Brasil tem uma população de cerca de 207,7 milhões de habitantes, onde estão esses 6,2 milhões brasileiros superdotados? Se incluirmos nesse cálculo as pessoas talentosas e brilhantes que se destacam em áreas não acadêmicas, como nas artes, nos esportes e na liderança, vemos que esse número sobe exponencialmente.

Esses números também denunciam o desperdício do talento em nosso país, porque não estamos identificando adequadamente nossas mentes brilhantes, tampouco dando a essas pessoas a oportunidade de usarem suas potencialidades para o crescimento pessoal e para o desenvolvimento de nossa nação. Um mito recorrente na área é o de que o superdotado é aquele que tem tudo e vai desabrochar sozinho. É um engano que tem sido o responsável pela pouca alocação de recursos na área, que desloca o interesse político para as outras áreas da educação especial, como a deficiência, por exemplo. Milhões de crianças passam, assim, despercebidas pela escola, pela família e pela sociedade, acumulando dificuldades pela falta de oportunidades e de apoio de professores, colegas e familiares. Entender essas crianças e jovens, identificá-las e nutrir estes talentos é tarefa de qualquer educador que se sinta comprometido com a educação e com o futuro de nossos jovens mais promissores.

Neste livro, a divisão dos capítulos se deu quase que de forma cronológica. Para que você possa compreender melhor a área e se apaixonar por ela (como eu repetidamente faço há quase trinta anos de envolvimento com os tópicos abordados nesta obra), começaremos com os fundamentos dessa área. Algumas perguntas que fiz a mim mesma me auxiliaram a traçar esse caminho, por exemplo: Como a questão da inteligência se tornou tão importante no mundo de hoje? Por que as pessoas se importam tanto com a noção de QI? De onde veio a ideia da superdotação? Ser superdotado e ser inteligente é a mesma coisa? Por que há tanto desperdício de nossos maiores talentos? O que os professores precisam saber para dar uma educação mais voltada às necessidades especiais dos superdotados? Como ajudar os professores a desenvolver o potencial criativo dos seus alunos?

Assim, de uma forma bastante didática (talvez por eu ser professora e também virginiana), começaremos a traçar a história da inteligência desde os seus primórdios. No **primeiro capítulo**, trataremos da própria história da psicologia, na qual o estudo da psique (ou da mente) se confunde com o próprio nascer da psicologia como ciência. Ao estudar a mente e o que acontece no cérebro, os primeiros psicólogos se depararam com a questão da inteligência, que passou, então, no decorrer do século, a ser escrutinada, decomposta, analisada e medida. Veremos, assim, como a história da educação se mistura com a da psicologia, percebendo que, ao estudarmos a inteligência, teremos um maior *insight* para as questões de aprendizagem da criança, do jovem e do adulto em todo o decurso do desenvolvimento.

Na sequência, no **segundo capítulo** mostraremos o construto da inteligência. Ao medir esse construto e realizar pesquisas mais aprofundadas, os pesquisadores sentiram a necessidade de ir além, de entender esse fenômeno em sua complexidade. À medida que o mundo evoluía, que as sociedades e os costumes mudavam, mudou também o entendimento da inteligência, que hoje é algo bem maior do que o conceito inicial. Com os estudos da criatividade e da sua relação com o comportamento inteligente, veio também o aprofundamento das teorias de personalidade, o que trouxe outros construtos, não cognitivos, à baila, como o papel da emoção. Às ideias de Piaget e Vygotsky somaram-se as teorias de Gardner, Sternberg e Renzulli. Ficou claro, então, que o papel do professor é bem maior do que aquele que tradicionalmente se tem praticado e que é essencial sua contribuição para o desenvolvimento da inteligência emocional em sala de aula.

No **terceiro capítulo** enfocaremos a importância de se desenvolver talentos no mundo contemporâneo. Veremos o que significa ser superdotado e as suas gradações, diferenciando a denominação dos termos *precoce, prodígio* e *gênio*. Faremos também uma apresentação formal das definições mais utilizadas em nosso país, a fim de reconhecermos os elementos mais importantes e refletirmos sobre o alcance da educação para superdotados. Por fim, embora não menos importante, apresentaremos a teoria dos três anéis e seus pressupostos filosóficos, segundo a concepção de Renzulli.

Como a teoria dos três anéis se tornou a base dos cursos na área, abordaremos, no **quarto capítulo**, a superdotação sob a ótica do modelo de enriquecimento de Renzulli. Nesse capítulo, você poderá conhecer melhor o processo de identificação das altas habilidades/superdotação na família e na escola e também reconhecer e identificar algumas das características da superdotação, inclusive em populações especiais (que a literatura aborda como *dupla excepcionalidade* ou *dupla condição*). Renzulli propõe seis passos para reconhecer tais habilidades, que nesta obra trataremos como uma forma de se incluir todos aqueles alunos que, por direito, poderiam se beneficiar de um programa específico para o desenvolvimento de potenciais. Também discutiremos brevemente os serviços que o modelo sugere que sejam oferecidos a essa população, como compactação do currículo, aceleração do tempo na escola, agrupamento de alunos e enriquecimento escolar.

Uma das questões mais importantes no âmbito da superdotação será discutida no **quinto capítulo**, que são os aspectos socioafetivos. Vamos analisar o papel do desenvolvimento social e emocional sadio e equilibrado da criança ou do jovem na escola, assim como a necessidade de uma educação afetiva para esse aluno. Apresentaremos a taxonomia de Bloom e Krathwohl para clarificar os aspectos cognitivos e afetivos da aprendizagem dos superdotados, a fim de tornar o trabalho do professor mais eficaz. Nesse capítulo, vamos nos deter nas características emocionais dos superdotados, atentando para as noções da teoria da desintegração positiva de Dabrowski, a fim de pontuar importantes implicações para a vida emocional do indivíduo. Com base nesses dados, esperamos que você também possa desenvolver estratégias efetivas para um bom desenvolvimento emocional na sala de aula, ao entender melhor as necessidades socioafetivas e os problemas relacionados a essas questões no âmbito escolar.

O **sexto e último capítulo** será dedicado à criatividade. Embora alguns dos seus aspectos tenham sido discutidos ao relacionarmos os construtos *inteligência* e *criatividade* no segundo capítulo, na última seção desta obra traremos algumas estratégias criativo-produtivas para crianças e jovens superdotados que poderão ser desenvolvidas em sala de aula. Inicialmente, veremos a importância de um ensino criativo e a necessidade de desenvolver habilidades de pensamento criador nos alunos. Essa compreensão será útil para que você possa ser capaz de planejar atividades para o desenvolvimento da criatividade. Ainda vamos refletir sobre o papel da criatividade no mundo moderno, com a definição e o reconhecimento das habilidades na base do construto da criatividade, como fluência, flexibilidade, originalidade e elaboração. Também vamos conhecer as diferentes formas de criatividade, segundo os parâmetros *produto, pessoa, processo* e *ambiente*. Em seguida, veremos as regras para um clima criativo em sala de aula e a filosofia que encoraja a criatividade. Por fim, com base nos conceitos apresentados, vamos propor que você desenvolva ideias criativas para estimular o potencial criador de seus alunos, com aplicação em sala de aula.

Enfim, esperamos que possamos empreender juntos essa caminhada edificante, a qual desejamos que seja tão interessante e prazerosa para você quanto é para nós. Tenha uma excelente leitura!

Organização didático-pedagógica

Esta seção tem a finalidade de apresentar os recursos de aprendizagem utilizados no decorrer da obra, de modo a evidenciar os aspectos didático-pedagógicos que nortearam o planejamento do material e como o aluno/leitor pode tirar o melhor proveito dos conteúdos para seu aprendizado.

Introdução do capítulo

Logo na abertura do capítulo, você é informado a respeito dos conteúdos que nele serão abordados, bem como dos objetivos que o autor pretende alcançar.

Síntese

Você conta, nesta seção, com um recurso que o instigará a fazer uma reflexão sobre os conteúdos estudados, de modo a contribuir para que as conclusões a que você chegou sejam reafirmadas ou redefinidas.

Atividades de autoavaliação

Com estas questões objetivas, você tem a oportunidade de verificar o grau de assimilação dos conceitos examinados, motivando-se a progredir em seus estudos e a se preparar para outras atividades avaliativas.

Atividades de aprendizagem

Aqui você dispõe de questões cujo objetivo é levá-lo a analisar criticamente determinado assunto e aproximar conhecimentos teóricos e práticos.

Bibliografia comentada

Nesta seção, você encontra comentários acerca de algumas obras de referência para o estudo dos temas examinados.

Indicações culturais

Nesta seção, o autor oferece algumas indicações de livros, filmes ou *sites* que podem ajudá-lo a refletir sobre os conteúdos estudados e permitir o aprofundamento em seu processo de aprendizagem.

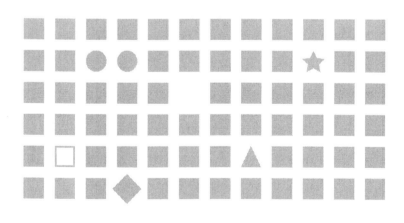

Capítulo 1
A inteligência em seus primórdios: uma visão histórica

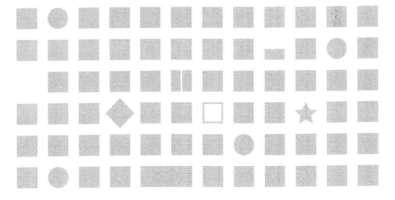

A inteligência é um construto importante de ser estudado. Tudo o que fazemos no dia a dia envolve a nossa inteligência: as estratégias para resolver os problemas cotidianos, os constantes julgamentos que fazemos sobre as pessoas, os acontecimentos ao nosso redor e as decisões que tomamos.

Para estudar a inteligência, vamos voltar aos primórdios da psicologia como ciência. Neste capítulo, apresentaremos a você os primeiros esforços dos filósofos gregos para compreender a alma, por conseguinte, a mente e o corpo; pois, como a inteligência era percebida como a maior virtude da alma, mereceu muita reflexão na Idade Antiga. Os pensamentos de Descartes e Locke na Idade Média foram fundamentais para o entendimento da psicologia, que se iniciava nas ciências como o estudo da mente. Logo os psicólogos se debruçaram sobre como entender e medir os conteúdos da mente e da inteligência em particular. Os primeiros testes sensoriais, de Galton, foram substituídos pelos testes mentais de Binet no início do século XX e expandidos pelo mundo como testes de QI por Terman. A partir daí, o próprio conceito de QI se consolidou, e sua medida dá forma e solidifica o campo da psicometria nos dias atuais.

Assim, você será levado a fazer esse percurso na história da psicologia e a refletir sobre a importância do conceito de inteligência, sua medida no mundo contemporâneo e as vantagens e desvantagens do seu uso. Veremos também por que um conceito da psicologia é estudado no campo da pedagogia e como essas duas áreas se relacionam de forma importante quando se trata de conhecer o ser humano em seu processo de aprendizagem.

1.1 Nascimento da psicologia como ciência

Muitos dos tópicos que estudamos hoje tanto na pedagogia quanto na psicologia – e a inteligência é um deles – nasceram das especulações de filósofos sobre o comportamento humano. A palavra *psicologia* vem do grego *psyché*, que significa "alma" (e que mais tarde passou a ser entendida como mente), e de *logos*, que é o estudo ou a razão de ser das coisas. Assim, a psicologia nasceu, primeiramente, como o estudo da mente e, mais tarde, em sua evolução (como veremos adiante neste texto), passou a se referir ao estudo do comportamento e dos processos mentais. Feldman (2015, p. 12), por exemplo, conceitua a psicologia como "o estudo científico do comportamento e dos processos mentais, abrangendo não apenas o que as pessoas fazem, mas também suas atividades biológicas, seus sentimentos, suas percepções, sua memória, seu raciocínio e seus pensamentos."

> A psicologia é o estudo do comportamento e dos processos mentais.

Luiz Pasquali, professor emérito da Universidade de Brasília, considerado pela sua colaboração substancial na consolidação, no país, da pesquisa científica nas áreas de psicometria, avaliação psicológica e psicologia social e organizacional, em seu livro *A ciência da mente: a psicologia à procura do objeto* (Pasquali, 2008), afirma que as teorias tendem a trazer explicações diferentes para os mesmos fenômenos e nomes diferentes para os mesmos objetos de estudo. Assim, uma teoria pode enfatizar o estudo do comportamento (como é o caso do behaviorismo) e outras podem destacar o estudo do inconsciente (por exemplo, a psicanálise).

Para ilustrar esse pensamento, vejamos a definição utilizada pelo professor doutor João Cláudio Todorov, um dos grandes representantes brasileiros na área de análise experimental do comportamento:

> A Psicologia estuda interações de organismos vistos como um todo, com seu meio ambiente. Ocupa-se fundamentalmente do homem, ainda que para entendê-lo muitas vezes tenha que recorrer ao estudo do comportamento de outras espécies animais. As interações organismo-ambiente são tais que podem ser vistas como um *continuum* no qual a passagem da Psicologia para a Biologia ou para as ciências sociais é muitas vezes questão de convencionar-se limites ou de não se preocupar com eles. (Todorov, 2007, p. 60-61)

Na trajetória inicial para se firmar como campo de estudos independente, a psicologia se apropriou do pensamento filosófico da época para entender melhor as funções da mente. Ao longo desse caminho, parte do interesse passou para o estudo da inteligência e de como o ser humano pensa, racionaliza e interpreta os dados do mundo ao seu redor. Mas, para isso, a psicologia precisava entender melhor as relações entre a mente – a alma, para os filósofos – e o corpo. Na próxima seção, veremos como essa preocupação inicial se consolidou no que hoje conhecemos como *psicologia* e de que modo o estudo da inteligência ajudou na consolidação da psicologia como ciência.

1.1.1 A influência dos filósofos

Platão, Aristóteles e outros filósofos gregos da Antiguidade já se preocupavam com a natureza da alma e do corpo. Bock, Furtado e Teixeira (1999, p. 33) apontam que "a alma ou espírito era concebida como a parte imaterial do ser humano e abarcaria o pensamento, os sentimentos de amor e ódio, a irracionalidade, o desejo, a sensação e a percepção".

Para Platão (427 a.C.-347 a.C.), a alma (ou mente) seria distinta do corpo, exercendo grande influência sobre este; já o corpo não teria a mesma influência sobre a mente, embora estivessem ligados pela medula (Bock; Furtado; Teixeira, 1999). A alma seria o sopro vital, presente em todos os seres, e que tem a capacidade de mover por si mesma. A alma teria vivido no mundo das ideias, em que tudo conheceu por simples intuição, ou seja, por conhecimento intelectual direto e imediato, sem precisar usar os sentidos. Está dividida em três partes: a racionalidade, localizada no cérebro; o ímpeto, estabelecido no peito; e os apetites, localizados no ventre. Platão percebia a inteligência como a maior virtude da alma, e aquela era também a responsável pela sabedoria do homem e pela ordem do cosmos (Armstrong, 2004).

Para Aristóteles (384 a.C.-322 a.C.), a inteligência (a alma racional) permite à pessoa fazer um julgamento cuidadoso das circunstâncias na qual sua decisão foi tomada. Seus sucessores, na era cristã, como Santo Agostinho, São Tomás de Aquino e Montaigne, também percebiam a inteligência ligada ao julgamento das qualidades e virtudes de uma pessoa. Assim, a pessoa inteligente seria aquela que usasse suas habilidades para se tornar uma pessoa melhor e para procurar o conhecimento e a verdade (Armstrong, 2004).

No entanto, nenhuma dessas afirmações podia sair do campo filosófico, pois a própria Igreja, que passou a exercer grande influência no pensamento posterior, na época medieval considerava a alma sagrada. O corpo, como sede da alma, não poderia ser profanado pela investigação científica (portanto, dissecar cadáveres só se tornou uma prática no período do Renascimento, quando a Igreja se mostrou mais leniente com relação a isso).

Esse foi um problema também para a psicologia, que, entre os séculos XVII e XVIII, tentava equiparar seus métodos de estudo às ciências físicas e biológicas, abrindo caminho para uma investida experimental ao funcionamento da mente (Schultz; Schultz, 2015). Assim, uma das principais questões sobre a qual a nova psicologia se debruçava era o assim denominado *problema mente-corpo*: A mente (alma ou espírito) seria separada do corpo? Ou seja: o mundo material teria uma natureza distinta do mundo mental? A mente e o corpo poderiam se influenciar mutuamente?

> Problema mente-corpo: distinção entre as qualidades mentais e físicas.

A psicologia (considerada pré-científica) então se dividiu, empiricamente, em duas vertentes. A primeira, chamada de *racionalista* e encabeçada pelo filósofo René Descartes (1596-1650), entendia que alma e corpo eram separados e tinham funções duais e distintas. A alma (ou mente) seria uma entidade espiritual, cuja essência seria o pensamento ou as ideias, compreendendo a vontade e a inteligência; já o corpo, desprovido do espírito, seria apenas uma máquina. As ideias inatas viriam naturalmente da mente ou da consciência, e as ideias sensoriais seriam formadas com base na experiência com o mundo externo. Como a mente tem a capacidade de pensamento e de outros processos cognitivos – como a percepção e a vontade–, poderia influenciar o corpo e ser por ele influenciada. Por exemplo, a mente decide realizar um movimento com a mão e essa decisão é executada pela parte física do corpo, ou seja, os músculos, os tendões e os nervos. Da mesma forma, quando o corpo recebe um estímulo, digamos, calor, a mente reconhece e interpreta esses dados sensoriais e determina a resposta adequada (Schultz; Schultz, 2015).

> **Ideias inatas** surgem da mente ou da consciência, independentemente das experiências sensoriais ou dos estímulos externos.
> **Ideias sensoriais** são formadas com base na experiência com o mundo externo.

A segunda vertente, dos empiristas, foi encabeçada por outro filósofo, John Locke (1632-1704), que defendia que o ser humano nasceria com a mente "como uma lousa em branco" (em latim, como uma tábula rasa), ou seja, sem ideias inatas. Para Locke (que defendia a mesma posição de Aristóteles de que a mente adquiria o conhecimento por meio da experiência), todo o conteúdo da nossa mente seria preenchido posteriormente com as primeiras experiências sensoriais do bebê. Então, com base nessas experiências proporcionadas pelos sentidos do bebê, a função mental ou cognitiva de reflexão se desenvolveria.

As opiniões divergentes entre esses dois grupos foram conciliadas por Immanuel Kant (1724-1804), o qual mostrou que os dois processos (razão e sentido) eram igualmente importantes e que ambos se influenciariam mutuamente. Para ele, a mente seria um criador ativo de experiências, e não apenas um receptor passivo da percepção; algumas funções da mente seriam inatas (como cognição, sensação, causalidade, desejo, entendimento, julgamento e razão), outras seriam atribuídas pelo mundo físico e percebidas por meio dos sentidos. Essa ideia foi retomada mais tarde por Jean Piaget (Armstrong, 2004).

Já em meados do século XIX, a doutrina mente-corpo de Descartes, que exercia grande influência no pensamento filosófico da época, começou a ser descartada para dar lugar a um novo espírito: o positivismo de Auguste Comte.

> "Positivismo é uma doutrina que reconhece somente os fenômenos naturais ou fatos que são objetivamente observáveis" (Schultz; Schultz, 2015, p. 34).

Comte afirmava que as ciências sociais (como a psicologia e a pedagogia) que desejassem chegar ao estágio de desenvolvimento mais avançado, como era o caso das ciências naturais, deveriam abandonar as questões metafísicas da mente e trabalhar exclusivamente com fatos observáveis. Ele propunha o método da ciência natural, a física, como modelo de construção do conhecimento (Bock; Furtado; Teixeira, 1999).

1.1.2 O mapeamento das funções cerebrais

Assim, em meados do século XIX, as linhas de pesquisa dos psicólogos (fundamentadas nos trabalhos dos filósofos que os precederam) se entrelaçaram com a dos fisiologistas. Os filósofos e psicólogos buscavam entender os mecanismos da mente e os fisiologistas realizavam experiências para investigar o que estaria por trás dos fenômenos mentais. Segundo Bock, Furtado e Teixeira (1999), com o dualismo mente-corpo de Descartes, o corpo morto poderia ser estudado, já que era percebido como separado da mente, o que possibilitaria o avanço das ciências médicas, como a anatomia e a fisiologia, e, posteriormente, da própria psicologia e da pedagogia.

Portanto, houve um grande interesse com relação ao estudo das funções do cérebro e das partes deste responsáveis pelo controle das diferentes funções cognitivas. Esses esforços foram as primeiras tentativas de mapeamento das funções cerebrais. Por exemplo, uma pesquisa com o cérebro dos pombos mostrava que "o cérebro controlava os processos mentais mais elevados; partes do cérebro médio controlavam os reflexos visuais e auditivos; o cerebelo, a coordenação; e a medula, o batimento cardíaco, a respiração e outras funções vitais." (Schultz; Schultz, 2015, p. 49).

> O mapeamento das funções cerebrais determinou as partes específicas do cérebro responsáveis pelo controle das diferentes funções cognitivas.

Entre os cientistas que utilizavam o mapeamento do cérebro, estava o médico alemão Franz Gall (1758-1828), que constatou a existência das substâncias cerebrais (branca e acinzentada) e a conexão de cada lado do cérebro com o lado oposto da medula por meio de fibras nervosas (a hemisfericidade cerebral se tornou um estudo pormenorizado pelos psicólogos da criatividade décadas depois). Gall também procurou mostrar que seria possível obter informações sobre propriedades do cérebro analisando seu tamanho e formato. Por meio de seus estudos com animais, demonstrou que os comportamentos mais inteligentes vinham dos animais com cérebros maiores se comparados com espécies que tinham cérebros menores (a relação entre o tamanho do cérebro e a inteligência foi pesquisada por muitos anos e até hoje é o substrato de muitos mitos na área).

No entanto, Gall foi mais longe ainda ao fundar um movimento chamado de *cranioscopia* ou *frenologia*, que afirmava ser possível conhecer as características intelectuais e emocionais de uma pessoa (por exemplo, consciência, benevolência, autoestima, amabilidade) pelo formato do crânio. Segundo Schultz e Schultz (2015), uma visão comum à época de Gall era de que as propensões morais e intelectuais do ser humano seriam de origem biológica e já estariam definidas na pessoa por ocasião de seu nascimento. Assim, o cérebro seria o repositório destas propensões, podendo ser acessadas pelo exame das saliências, protuberâncias e afundamentos do crânio. Assim, se uma propensão (como a harmonia, a avidez, a combatividade ou o desejo de viver) fosse bem desenvolvida, poderia ser percebida pela saliência que se formaria na superfície do cérebro, na região controladora dessa característica. O mapeamento de Gall proporcionou a descoberta de 35 atributos humanos.

Embora carecesse de fundamentos científicos, e os colegas de Gall em círculos científicos passassem a se referir a ele como charlatão, a frenologia produziu seguidores por todo o mundo, principalmente nos Estados Unidos, onde os adeptos se tornaram mais numerosos. O interessante relato de Schultz e Schultz (2015, p. 50) nos traz uma ideia da qualidade do serviço que era fornecido pelos frenologistas, na tentativa de enriquecimento rápido:

> Os irmãos Fowler [...] abriram clínicas em Nova York, Boston e Filadélfia no fim da década de 1830. Venderam o direito de abrir clínicas em outras cidades, principalmente através do treinamento de frenologistas, e fornecendo suprimentos frenológicos como bustos para exibição e ensino, compassos de calibre e tamanho diversos para medições, painéis, manuais para venda e, para o frenologista itinerante, caixas para transportar os instrumentos e suprimentos.

Apesar do sucesso e da popularidade da frenologia, logo a comunidade científica foi capaz de demonstrar empiricamente os erros dessa teoria. Por exemplo, a delicadeza dos tecidos cerebrais não permitia alterações, como afundamentos ou protuberâncias, na superfície óssea do crânio; havia erros nas áreas designadas por Gall para as funções mentais específicas, algumas delas impossíveis de serem mapeadas (como a consciência, o sentimento de construtividade ou o desejo de viver). Nas décadas seguintes, contudo, muitos cientistas e psicólogos buscaram (com sucesso) formas de localizar funções específicas do cérebro com ajuda de instrumentos sofisticados desenvolvidos para esse fim.

No entanto, para os psicólogos, mais do que entender os princípios fisiológicos que comandam as funções cerebrais (que foram importantes para refinar os métodos de pesquisa que seriam utilizados mais tarde), tornava-se importante compreender a relação entre a mente (agora estudada como consciência) e o corpo; ou seja, entre o estímulo físico (por exemplo, a estimulação do córtex cerebral) e o mental (como a sensação produzida pelo estímulo).

Assim, a nova ciência da psicologia, que se dedicava teoricamente ao estudo da mente e da natureza humana, lançava-se à experimentação como método de estudo. No primeiro laboratório de psicologia que surgiu, em Leipzig, na Alemanha, o psicólogo experimental Wilhelm Wundt (1832-1920) se dedicava à observação e à experimentação para o estudo não mais da alma, mas de certas reações do organismo humano como objeto de estudo (por exemplo, a percepção e a sensação). A criação de outros laboratórios se seguiu na Europa e, depois, nos Estados Unidos, onde a nova ciência foi muito bem recebida e os instrumentos de observação e medição foram aprimorados. A psicologia conquistou seu espaço e assumiu o método de investigação das ciências naturais como critério rigoroso de construção do conhecimento.

1.2 A influência de Francis Galton

A psicologia em seus moldes científicos prosperou rapidamente nas últimas duas décadas do século XIX, principalmente nos Estados Unidos, com a criação de dezenas de novos laboratórios, de programas de graduação e pós-graduação e de revistas especializadas. O foco das pesquisas passou da estrutura da mente ou do cérebro para suas funções, ou seja, para suas aplicações na vida cotidiana das pessoas. O interesse agora estava localizado em como as pessoas funcionam e se adaptam a diferentes ambientes, com enfoque na descrição e na mensuração das diferenças individuais (Schultz; Schultz, 2015).

O fenômeno das diferenças individuais foi pela primeira vez considerado como um necessário objeto de estudo na psicologia por Francis Galton (1822-1911). Filho de uma família rica e proeminente da Inglaterra, dotado de uma inteligência extraordinária (criança precoce, leu seu primeiro livro aos dois anos de idade; com cinco, já estava bem familiarizado com os trabalhos de Homero), curioso e com uma enorme profusão de ideias criadoras, Galton explorou áreas tão diversas quanto medicina, matemática, odontologia e biologia. De acordo com Schultz e Schultz (2015, p. 114):

> Francis Galton era dotado de extraordinária inteligência (um QI estimado de 200) e riqueza de ideias originais. Entre alguns tópicos de sua pesquisa estão as impressões digitais (que a polícia acabou adotando para a identificação criminal), a moda, a distribuição geográfica da beleza, o levantamento de peso e a eficácia da oração religiosa. Ele inventou uma versão inicial da impressora de teletipo, um dispositivo para abrir cadeados e um periscópio que o permitia olhar por sobre as cabeças das pessoas durante um desfile de rua.

Galton foi grandemente influenciado em suas ideias pela teoria da evolução de seu primo pelo lado materno, Charles Darwin. As implicações sociais da teoria descrita em *A origem das espécies* direcionaram grande parte do seu trabalho sobre a hereditariedade, que deixou marcas significativas na psicologia moderna. Em seu livro de 1869, *O gênio hereditário*, Galton procurou demonstrar que as habilidades mentais (a que chamou de *genialidade*) eram transmitidas da mesma forma que os traços físicos através das gerações. Sua tese era de que homens eminentes tinham filhos eminentes; assim, estudou a transmissão hereditária da eminência pela comparação de várias gerações de homens da mesma família na Grã-Bretanha.

Sobre o estudo de Galton, vale ressaltarmos dois pontos importantes de reflexão. O primeiro diz respeito ao fato de que a amostra não incluía mulheres, pois naquele tempo elas tinham poucas oportunidades de se destacar, a não ser por casamentos com homens importantes; portanto, a eminência seria uma prerrogativa dos homens (fato que se observa, em alguma medida, ainda nos dias de hoje). O segundo refere-se à completa negação da influência de um ambiente superior, com melhores oportunidades educacionais ou vantagens sociais, na questão da eminência ou do sucesso.

Como fonte de informação para sua tese, Galton usou dados censitários, livros biográficos da época, biografias familiares de pessoas famosas, dicionários biográficos e registros de antecedentes familiares de poetas, artistas, militares e intelectuais de diversas áreas (Del Cont, 2008). Ele também criou técnicas estatísticas para demonstrar que variações na habilidade intelectual, assim como variações na altura, no peso, entre outras, seguem o padrão da curva normal de probabilidades (Grinder, 1985). Mas, segundo Galton, para além dos aspectos físicos, também o talento e a capacidade intelectual podem ser estimulados ou inibidos por meio da união de casais selecionados por várias gerações. Assim, com o objetivo de incentivar o nascimento de indivíduos mais aptos na sociedade e desencorajar o nascimento dos inaptos, Galton criou a ciência da **eugenia** (palavra cunhada por ele), com o principal argumento de que os seres humanos, assim como os animais domésticos, poderiam ter as suas características melhoradas mediante seleção artificial. Com a união de pessoas talentosas, brilhantes e bem-sucedidas entre si, geração após geração, seria possível obter uma raça humana diferenciada na questão da inteligência.

E quais seriam os comportamentos desviantes que caracterizariam os menos aptos e que deveriam ser evitados nessa seleção? Para Galton, a criminalidade, a prostituição, a delinquência, a preguiça, o alcoolismo, a doença nervosa, a insanidade, as deficiências físicas, sensoriais e mentais, a falta de higiene e todo tipo de distúrbio social. Ou seja: "tudo que pudesse ser entendido como causa de degenerescência da espécie e, consequentemente, da sociedade, a saber, doenças das mais variadas, desde tísica até sonambulismo, manias diversas e uma série de comportamentos considerados criminaloides ou antissociais" (Galton, 1906, citado por Del Cont, 2008, p. 209).

> "Eugenia: o estudo dos agentes sob controle social que podem melhorar ou piorar as qualidades raciais das próximas gerações" (Galton, 1906, citado por Del Cont, 2008, p. 209).

A prática da eugenia tem problemas éticos sérios, como a discriminação de pessoas por categorias, pois ela acaba por rotular os indivíduos como *aptos* ou *não aptos* para a reprodução. A eugenia foi utilizada por políticos de forma não ética para seus propósitos pessoais (por exemplo, para impedir que imigrantes constituíssem família e se estabelecessem no país, como aconteceu nos Estados Unidos, no Brasil e na Alemanha; para impedir a ascensão social de grupos minoritários, entre tantos outros exemplos). Falaremos um pouco mais disso no decorrer deste capítulo.

1.2.1 Os testes mentais e sensoriais de Galton

Embora não tenha cunhado o termo *testes mentais*, Galton deu origem a esse conceito. Ele acreditava que a inteligência poderia ser medida com base na capacidade sensorial de uma pessoa. Essa ideia vem, como já vimos, da posição filosófica de Locke, para quem o conhecimento é adquirido por meio dos sentidos. Assim, Galton criou a hipótese de que as pessoas mais inteligentes teriam os sentidos mais aguçados.

> Os testes mentais de Galton colocam à prova as habilidades motoras e capacidades sensoriais para medir a habilidade mental.

Logo, Galton fundou, em 1884, na Feira Internacional de Saúde, em Londres, o Laboratório Antropométrico de Demonstração, no qual, durante seis anos, mais de nove mil visitantes foram examinados (Gardner; Kornhaber; Wake, 1998). Os testes eram montados sobre uma mesa comprida, de 11 metros de comprimento. O visitante pagava uma taxa e passava por todo o comprimento da mesa realizando os testes aplicados por um atendente, que depois fazia a avaliação e registrava os dados em um cartão. Ali eram medidos e registrados 17 tipos diferentes de testes, entre eles: altura, peso, alcance do braço, capacidade respiratória, força de impulsão e compressão, rapidez do sopro, audição, visão e percepção cromática (Schultz; Schultz, 2015).

Galton precisou inventar os instrumentos para compor sua bateria de testes. Para determinar a mais alta frequência de som capaz de ser ouvida, inventou um apito, que testou em animais e pessoas; um fotômetro para medir a precisão com a qual um sujeito poderia encontrar duas manchas da mesma cor; um pêndulo calibrado para medir o tempo de reação a sons e luzes; pesos dispostos em ordem de grandeza para medir a sensibilidade muscular; uma barra com escalas variáveis de distância para testar a extensão visual; e recipientes com diferentes substâncias para testar a discriminação olfativa. Vários desses inventos passaram a ser utilizados como equipamento padrão dos laboratórios de psicologia da época (Schultz; Schultz, 2015). É claro que, nos dias atuais, esses tipos de testes não poderiam ser denominados *testes mentais*, uma vez que as nossas atividades mentais e aquilo que entendemos hoje como *inteligência* não estariam diretamente correlacionados com medidas de sensibilidade muscular, discriminação olfativa ou tempo de reação a estímulos sensoriais.

As ideias de Galton sobre os testes mentais foram examinadas por outros psicólogos em universidades americanas, como James M. Cattell e Clark Wissler, que se interessavam em investigar diferenças individuais na capacidade sensorial em condições controladas. No entanto, resultados elevados nos testes sensoriais não se mostraram associados ao desempenho superior de estudantes universitários (que, por suposição, demonstrariam maior habilidade intelectual), o que levou ao abandono dessa linha de pesquisa (Gardner; Kornhaber; Wake, 1998).

Não há dúvida, porém, do mérito dos trabalhos de Galton para o avanço da ciência psicológica e para a medição das habilidades intelectuais humanas. Galton e seus sucessores tiveram o mérito de buscar explicações em dados psicométricos quantitativos em vez de adotar a explicação subjetiva, anedótica e retrospectiva que caracterizava os trabalhos anteriores na psicologia. Galton introduziu a estatística às ciências sociais, inventou o método de correlação e estabeleceu a psicometria como o método por excelência para o estudo das diferenças individuais do intelecto, notadamente para o estudo da habilidade superior (Gardner; Kornhaber; Wake, 1998; Grinder, 1985; Snyderman; Rothman, 1988).

1.3 Binet e o primeiro teste de QI

Por discordar dos testes sensoriais que Galton utilizava para medir as habilidades mentais, o psicólogo francês Alfred Binet (1857-1911) fez uma tentativa em uma direção diferente. Binet reconheceu que os processos intelectuais mais complexos, como imaginação, memória, compreensão, atenção e julgamento, não poderiam ser acessados por meio dos testes sensoriais. Ao examinar suas duas filhas com o uso de testes sensoriais, percebeu que não havia diferença entre o resultado delas e o de um adulto. Binet achava que um teste de inteligência deveria dar respostas diferentes para crianças e adultos devido à experiência e ao desenvolvimento das funções cognitivas e que outras funções da mente precisavam ser testadas. Ele escreveu:

> Parece-nos que na inteligência existe uma faculdade fundamental, a alteração ou ausência da qual é de extrema importância para a vida prática. Esta faculdade é o julgamento, também chamado de bom senso, senso prático, iniciativa, a faculdade de adaptar-se às circunstâncias. Julgar bem, compreender bem, raciocinar bem, essas são as atividades essenciais da inteligência. Uma pessoa pode ser um idiota

ou um imbecil se falta a ela o julgamento; mas com um bom julgamento ela nunca será nenhum dos dois. De fato, o resto das faculdades intelectuais parece ser de pouca importância quando comparadas ao julgamento [...] podemos medir a acuidade da sensibilidade dos sujeitos; nada poderia ser mais fácil. Mas devemos fazer isto, não tanto para encontrar o estado de sua sensibilidade, mas para aprender a exatidão de seu julgamento. (Binet, 1905; 1916, tradução nossa)

A oportunidade de testar empiricamente essa hipótese surgiu quando Binet e seu aluno Theodore Simon (um psiquiatra) foram convidados pelo Ministério da Instrução Pública de Paris, em 1904, para compor uma comissão para identificar a capacidade de aprendizagem das crianças que apresentavam dificuldades na escola. Binet e Simon começaram por constatar as tarefas que a maioria das crianças estariam aptas a dominar em cada faixa etária e se propuseram a desenvolver um teste que pudesse assegurar que crianças mentalmente deficientes não fossem inadvertidamente colocadas nas mesmas classes que crianças normais.

Na Europa daquela época, os professores esperavam que as crianças de famílias privilegiadas chegassem às escolas com uma bagagem de habilidades intelectuais e sociais já desenvolvidas em casa. Mas, no início do século XX, a educação em massa estava começando a substituir o ensino individualizado, ministrado por tutores particulares, e assim as crianças chegavam às escolas com um perfil bem mais diverso. Algumas apresentavam problemas disciplinares e outras, de aprendizagem, o que deixava claro que talvez pudessem se beneficiar de uma educação remediadora (Gardner; Kornhaber; Wake, 1998; Snyderman; Rothman, 1988).

Binet e Simon então recorreram a um método bastante inovador para reconhecer o que era chamado de *estados inferiores da inteligência*: o método psicológico, ou seja, observações diretas e medições do grau de inteligência no lugar do método médico (cujo objetivo era reconhecer os sinais anatômicos, fisiológicos e patológicos da inteligência inferior) ou mesmo do método pedagógico (que visava julgar a inteligência de acordo com a soma dos conhecimentos adquiridos). O método psicológico seria o mais direto dos três, "porque tem como objetivo medir o estado da inteligência como se apresenta no momento presente. Ele faz isso por meio de experimentos que obrigam o sujeito a fazer um esforço que mostra a sua capacidade em termos de compreensão, julgamento, raciocínio e invenção" (Binet, 1905; 1916, tradução nossa). O método psicológico (com outra nomenclatura, mas essencialmente o mesmo) foi utilizado também por Piaget e outros educadores que privilegiavam a experimentação e a observação de como o sujeito se comporta, pensa e sente ante uma tarefa cognitiva.

> O método psicológico utiliza-se de observações diretas e medições do grau de inteligência – que, para Binet, seria a capacidade do sujeito de compreender, julgar, raciocinar e imaginar.

Como era o teste de inteligência proposto por Binet e Simon? Na verdade, era bem simples. O teste era composto de 30 itens organizados em ordem crescente de dificuldade, padronizados para crianças de 3 a 11 anos de idade das escolas parisienses. Vamos dar um exemplo: o item 1 do teste media a simples coordenação visual (mover a cabeça e os olhos enquanto segue um fósforo aceso diante dos seus olhos); o item 5 solicitava à criança para remover o papel que embrulhava um chocolate; o item 20 já exigia que a criança nomeasse a semelhança entre grupos de objetos, como uma formiga, uma mosca e uma borboleta; e o item 30, o mais difícil da escala, solicitava a distinção entre termos abstratos como *gostar* e *respeitar* (Binet, 1905; 1916).

Inicialmente, alguns itens do teste falharam em mostrar diferenças entre alunos "idiotas" (o termo utilizado na época para designar os deficientes mentais mais graves) e alunos "normais" nos testes sensoriais que solicitavam força da mão, atenção e comparação de sentido muscular ao levantar pesos, mas foram mais acurados quando mediam funções mentais superiores, como as habilidades de prestar atenção, memória, julgamento, raciocínio e compreensão (Binet, 1905; 1916; Davis; Rimm, 2003).

Os resultados dos testes eram dados pela comparação da idade mental do aluno, definida como a equivalência de idade, com as questões de maior dificuldade corretamente respondidas com relação à sua idade cronológica. As crianças que passavam em testes correspondentes a um ano ou dois abaixo de sua idade cronológica eram identificadas como *inferiores* ou *retardadas*; as que passavam em testes um ano ou dois além de sua idade cronológica eram designadas como *superiores* ou *avançadas*. Em 1911, o psicólogo alemão William Stern (1871-1938), da Universidade de Hamburgo, propôs o uso do termo *quociente mental*, no qual a idade mental da criança seria dividida por sua idade cronológica e multiplicada por 100. O Quociente de Inteligência (QI) a que nos referimos hoje em dia é derivado dessa medida (Virgolim, 2005).

Vejamos, portanto, que a noção de QI, medida pelo teste Binet-Simon, era essencialmente pedagógica e visava a uma avaliação das capacidades aprendidas na escola com fins de classificação do aluno para a sala de aula mais adequada à sua aprendizagem. Mas o mundo estava mudando e a necessidade de se medir a inteligência era cada vez mais premente. Os testes de Galton de discriminação sensorial foram, com o tempo, desacreditados; já os testes de Binet passaram a ser usados tanto por pesquisadores educacionais quanto por aqueles que continuavam interessados na eugenia, o que promoveu a combinação dos métodos de testagem de Binet com os propósitos de Galton (Gardner; Kornhaber; Wake, 1998).

Em 1908, Henry H. Goddard, psicólogo americano pertencente ao Movimento Quacker nos Estados Unidos e notório defensor da eugenia, da esterilização compulsória e da segregação de pessoas mentalmente retardadas em colônias ou instituições, fez uma viagem de estudos para a Europa, onde conheceu o teste de Binet e Simon. No mesmo ano, publicou sua versão traduzida da escala, que foi amplamente aceita. Uma aplicação inicial foi realizada em uma escola em Nova Jersey, com o propósito de avaliar alunos "débeis mentais" e em seguida, em 1911, voltou a ser aplicado em duas mil crianças normais de escolas públicas, ambas as ocasiões com muito sucesso (Benjamin Jr., 2009).

Completou-se, assim, e com absoluto sucesso, a transição do uso do teste de Binet e Simon com crianças abaixo da média para o uso com crianças normais e acima da média (Davis; Rimm, 2003), o que deu início a uma prática que se perpetua até os dias atuais. Goddard é hoje reconhecido por criar a indústria dos testes de inteligência e foi o responsável por popularizar a ciência psicológica no continente americano e fornecer aos profissionais da psicologia a sua principal ferramenta de avaliação (Benjamin Jr., 2009).

1.4 Terman e o teste Stanford-Binet

Dado o sucesso do uso do teste Binet-Simon para a diferenciação de crianças com deficiências mentais e dificuldades de aprendizagem daquelas ditas "normais", o psicólogo Lewis Terman (1877-1956), professor de psicologia educacional da Universidade de Stanford, traduziu para o inglês, testou e publicou uma versão modificada do teste, com o intuito de desenvolver normas para a população estadunidense. Por sua forma científica e objetiva de identificar e categorizar a inteligência, a escala Stanford-Binet, como ficou popularmente conhecida, tornou-se o padrão pelo qual todos os testes de inteligência subsequentes passaram a ser julgados (Hansen, 2009; Snyderman; Rothman, 1988).

O *status* dos testes mentais elevou-se ainda mais quando passaram a ser utilizados em larga escala em uma população totalmente diversa, para a seleção de recrutas do exército dos Estados Unidos durante a Primeira Guerra Mundial. Dois testes foram produzidos para essa tarefa: o teste Alpha continha os itens similares ao de Stanford-Binet (raciocínio aritmético, analogias, completar números em séries etc.); o teste Beta, para uso com recrutas sem instrução, abrangia questões similares, mas na forma de figuras. Terman e seus colaboradores supervisionaram a administração dos testes em 1,7 milhão de recrutas, selecionando aqueles aptos para as diferentes posições militares e dispensando o restante.

Segundo Snyderman e Rothman (1988), o sucesso dessa aplicação em massa e o uso de testes de aptidão mais específicos que foram então construídos mudaram a psicologia de uma disciplina acadêmica para uma profissão. Depois da guerra, o uso dos testes de inteligência se expandiu ainda mais, os quais passaram a serem vistos como uma eficiente ferramenta científica de seleção a ser aplicada regularmente em empresas e escolas. Hoje, os testes psicológicos são de uso exclusivo de psicólogos e não podem ser administrados nem corrigidos por outros profissionais (como o pedagogo); seu uso em consultórios psicológicos ou em pesquisas acadêmicas, por exemplo, é muito importante e de grande utilidade para a área.

De qualquer forma, esses acontecimentos marcaram o início de uma controvérsia pública sobre os testes de inteligência, que levou também a um debate que perdura na atualidade, com discussões sobre a natureza da inteligência, o que é herdado e o que é fruto das experiências e do ambiente e a própria adequação do uso de testes, que motivaram importantes pesquisas e trouxeram uma nova consciência sobre o seu uso (Snyderman; Rothman, 1988). Terman veio a compreender, já depois de muitos anos da criação do Stanford-Binet, que os resultados do teste refletiam não apenas faculdades mentais inatas de uma pessoa, mas também sua instrução e familiaridade com a cultura pressuposta no teste (Myers, 1999). Isso significa que o teste é sensível aos aspectos da cultura de uma pessoa e por isso demonstra, por exemplo, suas capacidades verbais, sua compreensão e seu uso correto da língua, além de julgamentos de valores próprios da cultura em que o teste foi criado. Portanto, no início da aplicação em massa de testes, imigrantes com pouco conhecimento da língua, nativos indígenas e pessoas criadas em ambientes socioculturais diversos ou desfavorecidos estariam mais propensas a se saírem mal nos testes de inteligência.

Podemos ver como um teste criado para as necessidades escolares de uma dada cultura passou a ser usado para outros fins. Essa tendência criou o mito de que, se conhecermos o QI de uma pessoa, podemos conhecer também a sua inteligência. De todo modo, a natureza do teste continua a ser essencialmente a mesma: uma ferramenta útil para a identificação do nível de capacidade acadêmica do aluno em uma dada cultura, mas um recurso completamente inadequado para medir o construto que chamamos de *inteligência*. Para que possamos compreender melhor, esse aspecto será discutido em seções posteriores, nas quais veremos a evolução do conceito e da medida da inteligência.

1.5 A teoria fatorial de Spearman

Em paralelo aos acontecimentos que envolviam a medição do construto da inteligência, o psicólogo inglês Charles Spearman (1863-1945) inventou uma técnica conhecida como *análise fatorial* para investigar a estrutura da inteligência; essa técnica se tornou extremamente útil na área de medição psicológica: a psicometria (Snyderman; Rothman, 1988).

> Psicometria: "representa a teoria e a técnica de medida dos processos mentais, especialmente aplicada na área da Psicologia e da Educação" (Pasquali, 2009, p. 993).

Spearman notou que, em geral, pessoas que se saem muito bem em um teste teriam a tendência de também ter um desempenho superior em outro teste, já que todas as pessoas têm uma inteligência geral, a que ele chamou de *fator g*. O fator de inteligência geral, ou *fator g*, representaria uma espécie de energia, de base neurológica, subjacente a todas as atividades intelectuais (Gardner; Kornhaber; Wake, 1998; Schelini, 2006). Já o fator s (a inteligência específica) indicaria as habilidades únicas do indivíduo quanto àquela tarefa ou teste. Assim, a correlação entre diferentes testes de inteligência (ou seja, diferentes medidas) dependeria da quantidade de fator g que teriam em comum (Alencar, 1986). Spearman, assim como Terman, também via a inteligência como um construto teórico único e imutável, fundamentalmente hereditário, e que estaria na base de todas as funções intelectuais; o fator g é que determinaria a capacidade cognitiva (Brody, 1992). A noção da inteligência fixa só foi refutada décadas depois, quando Gardner mostrou que a inteligência não seria única, e sim múltipla – ou seja, as pessoas apresentariam várias áreas da inteligência e poderiam mostrar um bom desempenho em algumas áreas e péssimo desempenho em outras. Gardner constatou também que a inteligência teria uma base hereditária e outra vinculada à experiência da pessoa. Falaremos dessa teoria mais adiante neste livro.

1.6 A teoria de Thurstone

Já a pesquisa de Louis L. Thurstone (1887-1955), na Universidade de Chicago, em 1938, caminhava em uma direção bastante promissora. Suas pesquisas mostraram que o mesmo conjunto de resultados em um teste de inteligência poderia produzir um pequeno número de fatores, em vez de apenas um fator geral, como propunha Spearman (Brody, 1992). Assim, a inteligência seria "um produto de um amplo número de capacidades intelectuais diferenciadas (ou fatores), mas inter-relacionadas" (Schelini, 2006, p. 323). Thurstone apontou para a existência de sete fatores que estariam na base da inteligência e que poderiam ser acessados por meio de testes (Gardner; Kornhaber; Wake, 1998; Snyderman; Rothman, 1988; Sternberg, 1985):

1. **Compreensão verbal:** Capacidade de compreender informações verbais, por exemplo, dar sinônimos e antônimos de palavras, ler e compreender material escrito.
2. **Fluência verbal:** Capacidade de produzir rapidamente material verbal, como listar palavras iniciadas com a letra *d*.
3. **Número:** Capacidade de fazer cálculos aritméticos rapidamente e resolver problemas aritméticos com palavras.
4. **Memória:** Capacidade de lembrar de tipos diferentes de material, como letras, palavras, números e imagens; por exemplo, apresentar figuras de pessoas com seus respectivos nomes e posteriormente identificar os nomes à vista das figuras.
5. **Velocidade perceptual:** Velocidade em que letras, números e objetos são reconhecidos, por exemplo, cortar rapidamente o *t* em uma série de palavras.
6. **Raciocínio indutivo:** Compreensão de ideias gerais com base em exemplos específicos, por exemplo, por meio de analogias – médico está para paciente assim como advogado está para cliente.

7. **Visualização espacial**: Capacidade de rotar objetos mentalmente, resolver problemas visuais e visualizar formas geométricas, como identificar a semelhança entre objetos invertidos ou espelhados.

Essas capacidades apontadas por Thurstone estão na base da maioria dos testes psicométricos tradicionais de hoje, o que nos dá um bom exemplo do conteúdo acessado pelos testes de QI.

1.7 A teoria de Cattell

Outra teoria importante na consolidação do construto da inteligência no século XX foram os estudos de Raymond Cattell (1905-1998). Esse psicólogo sugeriu que o fator g de Superman poderia ser melhor entendido como dois fatores separados, a que ele denominou de *habilidade fluida* e *habilidade cristalizada*. A **habilidade ou inteligência fluida** (Gf) seria a parte da inteligência correspondente aos fatores genéticos, ou seja, aquilo que herdamos de nossos antepassados. Já a **habilidade ou inteligência cristalizada** (Gc) seria desenvolvida com base em experiências culturais e educacionais e estaria presente na maioria das atividades escolares. As operações mentais que as pessoas utilizam diante de uma tarefa nova representam a inteligência fluida (por exemplo, resolver quebra-cabeças e usar estratégias de resolução de problemas); já a inteligência cristalizada é demonstrada por meio das capacidades exigidas na solução da maioria dos complexos problemas cotidianos (por exemplo, compreender uma leitura) e é também conhecida como *inteligência social* ou de *senso comum* (Brody, 1992; Schelini, 2006).

> **Habilidade ou inteligência fluida** tem base hereditária e se reflete em nossa capacidade de pensar e raciocinar de forma abstrata e resolver problemas.
>
> **Habilidade ou inteligência cristalizada** é produto do ambiente e reflete o conhecimento que aprendemos e nossas experiências.

Dessa forma, ficou mais evidente que a inteligência teria um aspecto passado pela hereditariedade do indivíduo, mas que outro aspecto igualmente importante seriam as experiências do sujeito em seu ambiente. Isso mostra que as oportunidades econômicas e sociais que uma criança possa ter, principalmente em seus anos iniciais, são tão importantes quanto a sua herança genética. Logo, uma importante reflexão deve ser feita: enquanto não podemos exercer uma influência direta na genética de uma pessoa, podemos fornecer um ambiente enriquecido de estímulos para o desenvolvimento cognitivo e socioemocional equilibrados (Virgolim, 2009).

1.8 O que os testes medem?

Observamos que houve uma grande evolução dos primeiros testes sensoriais para os testes psicométricos, guiados por teorias mais consistentes e amplas. No entanto, o conceito de inteligência que estava por trás desses testes não permitia muitos avanços. Se definirmos *inteligência* (como Binet o fez) em termos de raciocínio, julgamento e compreensão, não podemos esperar que o teste analise outras importantes facetas da inteligência (como a compreendemos contemporaneamente), como capacidade de tomar decisões, liderança ou criatividade. Da mesma forma, não podemos querer que um teste que meça raciocínio, memória, vocabulário e números (aspectos medidos pelos testes de Thurstone, por exemplo) possa predizer se uma pessoa terá sucesso e renome em sua vida profissional, já que estes dependem de outros fatores, como motivação, persistência e até mesmo sorte.

Tomemos o caso do teste Wechsler de inteligência, um dos mais utilizados no Brasil (há versões para crianças e para adultos). Segundo seu criador, David Wechsler (1896-1981), seus testes não refletiam todo o conceito de inteligência. Em suas palavras:

> As capacidades requeridas para realizar essas tarefas não constituem, em si, a inteligência, e também não representam as únicas maneiras pelas quais ela pode se expressar. Elas são usadas e servem como testes de inteligência porque demonstram correlacionar-se com outros critérios amplamente aceitos de comportamento inteligente. (Wechsler, 1971, citado por Gardner; Kornhaber; Wake, 1998)

Quais seriam, então, os critérios que se relacionariam ao construto *inteligência*? Em seu teste de inteligência para adultos (Wechsler Adult Intelligence Scale – WAIS), destinado a pessoas acima de 16 anos, Wechsler incluiu seis subtestes verbais e cinco subtestes de desempenho, conforme você pode ver no quadro a seguir.

Quadro 1.1 – Subtestes verbais e de desempenho no teste WAIS

Subtestes verbais

1. Informação: perguntas que exploram campos como literatura, história, ciência geral (Ex.: Quem foi Martin Luther King?).
2. Compreensão: perguntas no âmbito do conhecimento de costumes, interações sociais e bom senso (Ex.: Por que existem impostos?).
3. Semelhanças: perguntas sobre a semelhança entre duas palavras (Ex.: De que maneira um navio e um avião são semelhantes?).
4. Vocabulário: perguntas sobre o significado de palavras em ordem crescente de dificuldade (Ex.: O que significa *domicílio*?).
5. Aritmética: problemas de aritmética com tempo cronometrado; alguns envolvem cubos (Ex.: Três homens precisam de três dias para pintar uma casa. Quanto tempo levarão nove homens para pintar a casa?).
6. Números: repetição de uma série de números (que variam de dois a nove números) na ordem dada ou em ordem inversa.

Subtestes de desempenho (com tempo cronometrado)

7. Cubos: com o uso de cubos com desenhos geométricos em branco e vermelho, resolver nove problemas com tempo cronometrado (Ex.: reproduzir com cubos um padrão desenhado).

(continua)

(Quadro 1.1 – conclusão)

> 8. Completar figuras: identificar a parte que falta em 20 desenhos que representam objetos comuns (Ex.: uma carta de baralho; um parafuso; uma sombrinha; um galo; um chapéu).
> 9. Arranjo de figuras: organizar cartões com figuras de forma a contar uma história.
> 10. Armar objetos: montar um quebra-cabeças que forme um item comum (Ex.: um rosto; um carro; um cavalo).
> 11. Códigos: escrever o símbolo correspondente aos números (de um a nove) abaixo de cada um a cada vez que aparecem.

Fonte: Gardner, Kornhaber e Wake, 1998, p. 94-95.

A versão do WAIS para crianças (Wechsler Intelligence Scale for Children – WISC) é bastante similar ao teste para adultos, contém os mesmos subtestes e é destinada a crianças de 6 a 11 anos. Da mesma forma que o WAIS, o WISC também é uma medida da inteligência cristalizada, por isso é largamente dependente da aprendizagem escolar e do nível de linguagem apresentado pela criança, refletindo as oportunidades de aprendizagem e de experiência a que ela foi submetida.

Esses testes abarcam apenas a inteligência acadêmica, deixando de fora outras capacidades humanas fundamentais para a resolução de problemas e para a vida profissional bem-sucedida (Gardner; Kornhaber; Wake, 1998; Myers, 1999; Sternberg, 1996; Sternberg; Grigorenko, 2000). Por isso, vão se mostrar úteis em situações escolares e na aferição das habilidades acadêmicas do indivíduo e se correlacionar melhor com as profissões que exigem o domínio das áreas de linguagem e raciocínio matemático.

1.8.1 Cautela no uso indiscriminado dos testes psicométricos

Como você pôde notar pelos exemplos que demos na seção anterior, as perguntas nos testes de QI, além de serem apresentadas fora do contexto natural de vida de uma pessoa, enfatizam mais a memória e a lembrança de fatos. Dessa forma, acabam por penalizar aquelas crianças que pensam de forma criativa ou imaginativa ou que tendem a demorar-se analisando com profundidade uma questão (Gardner; Kornhaber; Wake, 1998). Mesmo assim, a aferição do QI está entre as principais preocupações de pais e leigos quando buscam por serviços educacionais na área da superdotação (Johnsen, 2009).

Profissionais e pesquisadores recomendam cautela no uso indiscriminado ou isolado dos testes. Os testes de QI oferecem informações valiosas no que diz respeito às decisões que envolvem os alunos em programas para superdotados – por exemplo, para a identificação daqueles que apresentam alto potencial acadêmico (medido pelo teste de QI), mas que não tiram notas boas na escola devido a problemas motivacionais, emocionais ou de aprendizagem; os superdotados com déficits de atenção e hiperatividade; e as meninas (para uma revisão desse ponto, veja Virgolim, 2013).

Borland (1986) sugere que, para evitar o uso inapropriado e abusivo, os testes tradicionais devem estar sempre associados a outras fontes de informação. Portanto, devem ser combinados com dados advindos de várias fontes (como escalas de comportamento, observações), para que as diversas habilidades dos alunos possam ser apreciadas; também considerar as diferenças culturais, de linguagem e de nível socioeconômico das minorias étnicas, para não discriminá-las inadequadamente; e, ainda, ter seus resultados usados para inclusão, e não exclusão de alunos. Esse é um aspecto muito importante para a identificação das pessoas com altas habilidades ou superdotação e que tem sido amplamente discutido nos cursos de formação para professores em educação especial.

Essa discussão será retomada posteriormente, ao estudarmos os métodos de identificação de alunos com altas habilidades.

Síntese

Vimos, neste capítulo, a expressiva evolução do construto *inteligência*, do seu entendimento e, principalmente, de sua medição. Apoiada nos pensamentos e nas ideias dos filósofos da Antiguidade, a psicologia foi se formando como ciência, tomando para si a meta de entender a mente e, consequentemente, a inteligência. A cognição, ou o processo da aquisição de conhecimento, passou a ser, por excelência, o objeto da psicologia e, por que não, da pedagogia, já que os processos de desenvolvimento e de aprendizagem se entrelaçam.

Aos poucos, a concepção antiga de inteligência deu lugar a outras concepções, teorias e modelos, e a visão unicista do início do século XX foi substituída por visões pluralísticas e mais dinâmicas. Assim, diferentes definições surgiram para a questão da inteligência, com importantes implicações para os programas educacionais especiais para os superdotados. Esses assuntos serão tratados nas próximas seções.

Atividades de autoavaliação

1. Dois filósofos foram muito importantes para a psicologia considerada pré-científica: René Descartes e John Locke. Descreva as ideias essenciais de cada um e como Kant conciliou as principais divergências entre eles.

2. Qual é a principal diferença entre os testes de Galton e os de Binet para medir a inteligência? Como cada um deles via a inteligência e como a mediam?

3. Como o teste de Binet ganhou notoriedade e qual a sua consequência para o mundo atual?

4. O que é a inteligência fluida e a inteligência cristalizada? Explique por que esses dois conceitos são importantes para o entendimento da inteligência.

5. O que os testes psicométricos (como o WISC, por exemplo) medem? Qual é a cautela que devemos exercer em seu uso?

Atividades de aprendizagem

Questões para reflexão

1. Pare um pouquinho e pense nas pessoas inteligentes que você conhece ou sobre as quais leu alguma coisa. Quais as características mais marcantes delas? Reflita sobre os aspectos cognitivos e também aqueles de personalidade e motivação.

2. Dê a sua definição de inteligência. Você pode apresentá-la como uma frase, um pensamento ou um grupo de características que considera relevantes.

3. Reflita sobre a adequação dos testes de QI para indicar as pessoas que você considera inteligentes. Anote os aspectos que seriam detectados pelos testes e os que não seriam. O que você pode concluir sobre isso?

Anote suas principais reflexões sobre o assunto das questões anteriores, pois vamos precisar delas em outras atividades deste livro.

Atividade aplicada: prática

1. Faça uma pequena pesquisa e colete dados de fontes diferentes: pais, professores, amigos, universitários, pessoas com pouca instrução, pessoas mais velhas ou outra categoria que você queira (de duas a três pessoas em cada categoria). Pergunte a eles: "O que é inteligência para você? Nomeie uma pessoa inteligente segundo esse critério".

   Em uma tabela, coloque, em cada coluna, as categorias (pais, professores, alunos etc.), a palavra-chave que resuma a opinião principal de cada pessoa e o exemplo de uma pessoa inteligente indicada por ela. Veja este exemplo.

	Palavra-chave	Exemplo dado
Pai 1 Pai 2 Pai 3		
Professor 1 Professor 2 Professor 3		

Aluno 1 Aluno 2 Aluno 3		
Outro 1 Outro 2 Outro 3		

Com base nos dados coletados, procure responder:

a) Qual foi a palavra-chave mais frequente?
b) Qual foi o exemplo mais frequente?
c) Com base nesses dados, resuma a opinião da sua amostra sobre a pergunta: "O que é inteligência para você?".
d) Compare sua conclusão com sua própria definição de inteligência e veja se há aspectos de concordância e discordância entre elas.
e) Entre os que foram apresentados neste capítulo, quais autores se aproximam mais da sua concepção? Por quê?
f) Discuta esses dados com seus colegas e anote as conclusões a que vocês chegaram sobre a inteligência.

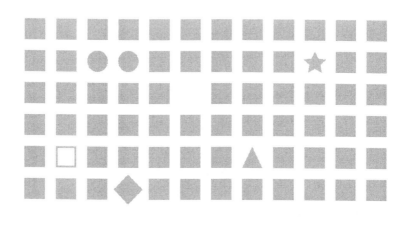

Capítulo 2
O papel da criatividade e da afetividade na inteligência

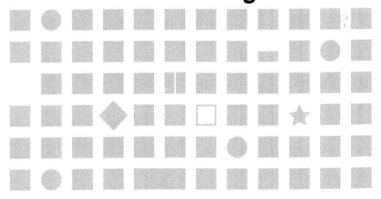

Vimos, no capítulo anterior, como os estudos da mente, objeto de estudo da recém-criada psicologia, vieram a influenciar e a direcionar os estudos sobre a inteligência e sua medição por meio de testes psicológicos. Neste capítulo, vamos focalizar inicialmente o primeiro estudo longitudinal que utilizou o teste Stanford-Binet como instrumento para localizar, testar e estudar crianças com inteligência superior (na época, denominadas *gênios*) e destacar o papel do psicólogo Lewis Terman e da educadora Leta Hollingworth.

Na sequência, vamos mostrar a evolução do conceito da inteligência com a entrada dos conceitos de criatividade e afetividade em sua concepção, por meio da contribuição de teorias cognitivas e da inteligência emocional. Vamos, assim, lançar a sementinha dessas descobertas e estudá-las com mais detalhe no decorrer do livro. Esperamos que aprecie.

2.1 A pesquisa longitudinal de Terman sobre os "gênios"

A primeira pesquisa significativa a respeito das habilidades mentais superiores foi, sem dúvida alguma, o estudo longitudinal de Terman em 1920, que testou mais de 2.500 crianças com o recém-criado teste de inteligência Stanford-Binet. As professoras de quase todas as escolas pertencentes a cinco grandes cidades da Califórnia indicaram seus alunos mais brilhantes para o estudo. Foram identificadas 1.528 crianças de séries elementares (856 meninos e 672 meninas), com idade média de 12 anos. Os sujeitos eram todos nascidos entre 1900 e 1925; 90% deles brancos e de classe média ou superior; possuíam QI de 140 ou mais (correspondentes a 1% da população; representavam o nível mais alto de inteligência geral) e foram indicados por seus professores como *gênios* (como, na época, se denominavam as pessoas altamente inteligentes).

As crianças foram estudadas em termos de origem racial, gênero, medidas antropométricas, aspectos físicos e de saúde, progresso escolar, habilidades especiais, interesses e traços de personalidade (Terman, 1954). Os resultados, inicialmente publicados em 1925, foram seguidos por publicações em outros cinco volumes, organizados por seus colaboradores após a morte de Terman, em 1956, e continuam a ser publicados até hoje. Os nomes dos participantes foram (na maioria) mantidos em sigilo e só serão divulgados após a morte ou desistência do último sujeito de pesquisa (há cerca de 200 participantes ainda vivos).

> Os superdotados, para Terman, correspondiam a 1% da população e apresentavam o nível mais alto de inteligência no teste Stanford-Binet.

A meta de Terman era refutar a noção corrente de que gênios eram pessoas doentes, socialmente ineptas e não tão equilibradas. Essas ideias vinham das crenças, propagadas durante o período do Renascimento, de que pessoas que se destacavam por habilidades superiores e criativas (muitas vezes incompreendidas) eram instáveis, neuróticas, propensas a doenças, antissociais e moralmente duvidosas. Por isso mesmo, conforme pregava a Santa Inquisição, eram queimadas nas fogueiras medievais como bruxos e hereges (Grinder, 1985).

Assim, os resultados iniciais dos estudos (Terman et al., 1925) mostraram que as crianças identificadas eram bastante superiores às crianças normais em termos de saúde, ajustamento social, atitudes morais e domínio de disciplinas escolares; eram até mesmo mais altas do que a média da população. Além disso, os colaboradores de Terman que continuaram a pesquisa nas oito décadas que se seguiram relataram que a incidência de mortalidade, enfermidade, insanidade, delinquência e alcoolismo se encontrava abaixo da média, ao se comparar com a população geral (Oden, 1968; Terman; Burks; Jensen, 1930; Terman; Oden, 1947, 1959). Os resultados também evidenciaram que os indivíduos com alto potencial diferiam entre si de muitas formas, não se constituindo um grupo homogêneo (Hastorf, 1997); que o *status* socioeconômico e a educação universitária dos pais influenciaram nas diferenças entre os que obtiveram maior e menor sucesso no grupo; e que o QI continuava a aumentar durante a idade madura.

Para Terman, esses resultados demonstravam que o teste de QI poderia ser usado desde a infância para predizer a realização adulta superior; no entanto, ele reconhecia que os testes não conseguiriam predizer se essas pessoas se tornariam adultos realizados (pessoal ou profissionalmente), uma vez que fatores de personalidade ou "acidentes da sorte podem afetar a viabilização da habilidade excepcional" (Terman, 1954, p. 224).

Várias críticas podem ser feitas a esse estudo (Colangelo; Davis, 1997):
- os alunos estudados eram de classe média-alta branca e provenientes de uma mesma cultura;
- seus pais tinham significativa educação formal, ocupando cargos mais altos, de forma que os filhos cresceram em ambientes mais favoráveis;

- os professores indicavam apenas alunos que tinham notas escolares mais altas, e não os que se destacavam pela criatividade ou liderança, por exemplo;
- grupos minoritários foram discriminados por não terem bom conhecimento da língua (como os imigrantes) ou por fazerem parte da população mais pobre ou marginalizada (os negros e latinos, por exemplo);
- a inteligência era considerada um fenômeno fixo e unifacetado (um construto único e que não mudaria com o tempo) que, por si só, poderia predizer o sucesso profissional futuro.

Além disso, as conclusões favoráveis sobre a saúde e o ajustamento social das crianças do estudo levaram os educadores, por muitas décadas, a ignorar as necessidades socioemocionais dos superdotados (Davis; Rimm, 2003), assunto de que trataremos ao final deste livro.

Embora sujeito a críticas, o mérito das contribuições de Terman à área da superdotação é inegável. Ele deu uma visão mais realista do indivíduo superdotado, trazendo bases empíricas a um campo até então repleto de falsas concepções e misticismos, o que deu impulso à identificação dos indivíduos com habilidades superiores (Colangelo; Davis, 1997; Hansen, 2009).

Enquanto o trabalho de Terman se voltou para descrever e medir a superdotação, por volta da mesma época os estudos da professora da Universidade de Columbia Leta Hollingworth (1886-1939) concluíam que era papel da escola educar e treinar as crianças com potencial superior, tanto para o seu próprio bem-estar como da sociedade em geral. Os estudos de Terman tendiam para a defesa da genética e da hereditariedade; já os de Hollingworth enfatizavam a necessidade de a sociedade dar oportunidades e condições psicológicas, sociológicas e educacionais para que o desenvolvimento do potencial se desse de forma mais plena (Silverman, 2013).

Hollingworth (1942) realizou uma pesquisa longitudinal com 12 crianças/jovens "profundamente" superdotadas (QI acima de 180 no teste Stanford-Binet) na cidade de Nova Iorque. Ela percebeu que três problemas principais eram comuns a esse grupo:

1. **Ausência de hábitos adequados de trabalho:** Os alunos não se empenhavam na escola; passavam muito tempo alheios e sonhando acordados; a frequência à escola era percebida como perda de tempo. Eles sentiam que havia uma grande distância entre as demandas da escola e as suas competências pessoais, resistindo em fazer os deveres de casa.
2. **Dificuldade nas relações sociais:** Embora os alunos se empenhassem para ter amigos, o seu grupo de idade não compartilhava de seus interesses avançados. Eles então se isolavam ou buscavam a companhia de amigos mais velhos.
3. **Certa vulnerabilidade emocional:** Como grupo, mostravam capacidade de entender e se envolver com questões éticas e filosóficas antes de estarem emocionalmente maduros para lidar com elas, o que gerava estresse e preocupação.

Hollingworth (1942) também percebeu que, depois de encaminhados para um programa de estimulação de suas habilidades (o que seria como uma sala de recursos para altas habilidades/superdotação), no qual eram acelerados e interagiam com pares em nível similar de desenvolvimento cognitivo, havia uma mudança radical de comportamento das crianças: passavam a atuar de uma forma adequada nas atividades de grupo e comportavam-se como indivíduos socializados e felizes. Segundo a autora:

Os alunos que frequentam as turmas para alunos mais rápidos vão para o Ensino Médio aos treze anos de idade. Enquanto isso, eles estarão aprendendo e pensando na companhia de seus contemporâneos no que diz respeito à idade e aos interesses sociais. Eles terão o devido treinamento intelectual, e em nenhum momento perderão seu tempo desenvolvendo hábitos de preguiça, ou se tornarão vítimas de tédio. Eles vão emergir do Ensino Médio com uma base de conhecimento mais rico e mais completo do que o de alunos de igual mentalidade, para quem nenhum programa de enriquecimento foi fornecido. (Hollingworth, 1942, p. 3.635, tradução nossa)

O estudo da professora chamou a atenção dos educadores para a necessidade de um currículo diferenciado para tais alunos e para o fato de que estes deveriam avançar em maior profundidade e com mais rapidez sobre as disciplinas convencionais, de acordo com as diferentes habilidades de cada um (Colangelo; Davis, 1997). Diversas pesquisas (Alencar; Virgolim, 2001; Hébert, 2011; Renzulli, 2009a; Vantassel-Baska, 1994) têm apontado para o fato de que os programas especiais para o atendimento de crianças e jovens superdotados trazem benefícios aos alunos, entre eles:

- reduzem o risco de o jovem se envolver em delinquência e atos antissociais;
- levam o aluno a lutar por melhores oportunidades de vida;
- elevam a satisfação do indivíduo consigo mesmo e com a vida em geral;
- trabalham um potencial que pode ser, no futuro, utilizado para o desenvolvimento global do país.

Esse assunto também será retomado mais à frente neste livro.

2.2 Os testes de Guilford

Em meados do século XX, um psicólogo eminente, na época presidente da influente Associação Psicológica Americana (APA), fez um discurso polêmico (seguido de um artigo publicado na revista da APA) que se tornou um marco para o desenvolvimento das pesquisas na área da inteligência. Guilford (1950), ao apontar para o fato de que poucos cientistas e psicólogos estariam estudando a criatividade, reforçou a necessidade urgente de analisar esse construto, estabelecer suas relações com a inteligência e utilizá-la formalmente para o desenvolvimento das crianças na escola, a fim de promover o desenvolvimento de personalidades criativas.

Para Guilford (1979, p. 289), a inteligência seria "uma coleção sistemática de habilidades ou funções para o processamento de diferentes tipos de informação em diferentes formas, tanto com respeito ao conteúdo (substância) quanto ao produto (construto mental)".

Ao discordar da visão unitária da inteligência, apregoada pelos psicólogos da sua época, Guilford propôs uma visão multidimensional. Em seu modelo, a que denominou estrutura do intelecto (Guilford, 1986), identificou 120 fatores intelectuais (que depois se transformaram em 150) que descreviam diferentes tipos de capacidades cognitivas. Nesse modelo, Guilford classifica 150 traços intelectuais em três dimensões: as operações envolvidas no pensar, os conteúdos sobre o qual se pensa e os produtos resultantes desse processo (Wechsler, 2008).

Quadro 2.1 – Dimensões do modelo da estrutura do intelecto de Guilford

Operações

- Cognição (discernimento, consciência, compreensão)
- Memória (fixação e arquivo da informação adquirida)
- Produção convergente (formulação de conclusões lógicas a partir de informações, procura da melhor resposta para o problema)
- Produção divergente (formulação de alternativas variadas a partir da informação dada, procura de diferentes soluções para o problema)
- Avaliação (julgamento e emissão de juízos a respeito de qualquer critério)

Conteúdo

- Figural (informação apreendida ou evocada em forma de imagens visuais ou auditivas)
- Simbólico (informação integrada sob a forma de códigos ou símbolos)
- Semântico (informação sob a forma de palavras ou frases)
- Comportamental (informação representando ações, situações de relacionamento interpessoal, motivação e emoções)

Produtos

- Unidade (itens isolados da informação; figura, símbolo, ideia ou palavra)
- Classes (conjunto de itens agrupados por qualquer característica em comum)
- Relação (ligação entre dois itens da informação em função de pontos de contato)
- Sistemas (agregados de itens da informação de forma complexa, organizada e reestruturada)
- Transformações (mudanças na informação, substituições, modificações, redefinições)
- Implicações (conexões circunstanciais entre itens da informação em função de sua proximidade e suas expectativas)

Fonte: Wechsler, 2008, p. 27-29.

A teoria de Guilford abriu espaço para a discussão do papel de outras habilidades cognitivas no intelecto humano, como a criatividade, que não é captada no teste de QI. Assim, novos testes foram criados para medir a produção divergente, os quais levavam em conta componentes de fluência, flexibilidade, originalidade e elaboração, entre outros. Esses primeiros testes deram início à construção de outros, com o objetivo de medir a produção divergente, a resolução de problemas e a criatividade, como o teste de pensamento criativo de Torrance, de 1966, amplamente usado até os dias atuais.

Figura 2.1 – Modelo da estrutura do intelecto (SOI) de Guilford

Fluência
(produção de um grande número de ideias)

Avaliação
(determinação do valor de novas ideias)

Originalidade
(habilidade de produzir ideias incomuns)

Elaboração
(quantidade de detalhes presentes em uma ideia)

Sensibilidade a problemas
(habilidade de ver problemas onde outros não veem)

Redefinição
(habilidade de efetuar mudanças na informação)

Complexidade
(número de ideias inter-relacionadas que o indivíduo pode manipular de uma só vez)

Flexibilidade
(habilidade de fazer rápidas mudanças na direção do pensamento)

2.3 Os testes de Torrance

Torrance, da Universidade de Georgia, trabalhou com as quatro principais dimensões cognitivas da criatividade propostas por Guilford, ou seja, fluência, flexibilidade, originalidade, elaboração – estas são também as dimensões mais presentes nos atuais testes de criatividade. Mas, além dessas dimensões, Torrance também se utilizou de componentes afetivos, a fim de acessar os pontos fortes e as disposições que emergiam das atividades (Cramond; Kim, 2009), por exemplo: expressão de emoções, combinação de ideias, presença de movimento, expressividade de títulos, combinações de estímulos, perspectiva incomum, perspectiva interna, extensão de limites, humor, riqueza de imagens e expressividade de ideias (Wechsler, 2002).

No Brasil, Wechsler adaptou os testes de criatividade de Torrance e propôs a inclusão de mais quatro dimensões para avaliar a criatividade verbal, que, segundo aquela autora, estariam relacionadas com a criatividade na vida real: "fantasia, elaboração, perspectiva incomum e analogias/metáforas" (Wechsler, 2004, p. 23).

Para Torrance, a criatividade é inata e algumas pessoas teriam propensão para desenvolvê-la mais do que outras. No entanto, o pesquisador pregava que o uso de técnicas específicas poderia estimular o pensamento criativo de qualquer um. Os testes de Torrance estão hoje entre os mais utilizados nas baterias de avaliação da superdotação, principalmente para selecionar alunos altamente criativos que, por uma série de fatores, passariam despercebidos nos serviços de avaliação para entrada em programas educacionais especiais. Vamos falar mais sobre esse tópico nos próximos capítulos.

Ellis Paul Torrance (1915-2003), renomado pesquisador da área de superdotação, acrescentou aos aspectos intelectuais, fatores provenientes da personalidade e do ambiente, como a expressão das emoções; a capacidade de fantasiar e de se expressar espontaneamente; a capacidade de olhar o mundo por uma perspectiva incomum; a sensibilidade de entrar em contato com si mesmo por uma perspectiva interna; a capacidade de entender o significado de uma ideia num contexto mais amplo; a combinação de ideias, permitindo a junção de elementos do inconsciente com a mente consciente; a habilidade de produzir humor; e a coragem para correr riscos (Torrance, 1979; Wechsler, 2002). Segundo Wechsler (2002), também pode ser acrescentado à lista das importantes habilidades situadas na base da criatividade o uso de analogias e metáforas para perceber coisas que nunca foram identificadas como parecidas, o que nos oferece, ao mesmo tempo, outra forma de pensar, sentir, descrever e visualizar a realidade (Virgolim, 2014b, p. 50).

Figura 2.2 – Habilidades situadas na base da criatividade segundo Torrance

2.4 A inteligência na visão de Piaget

A partir da década de 1950, novas teorias, novos modelos e novos estudos deram um grande impulso para o entendimento da inteligência e combateram a teoria unicista e fixa prevalente. Um dos estudos mais importantes para as áreas da psicologia e da pedagogia foi o de Jean Piaget (1896-1980), epistemólogo suíço que procurou explicar o desenvolvimento intelectual por meio das mudanças no desenvolvimento do funcionamento cognitivo.

> *Cognição* é a forma como o cérebro percebe, aprende, recorda e pensa sobre toda informação captada por intermédio dos cinco sentidos.

Piaget mostrou o papel significativo da interação dinâmica da criança com seu ambiente e apontou para a forma como outras variáveis importantes para o desenvolvimento cognitivo, como a maturação, a experiência, a interação social e a equilibração, regulam o curso do desenvolvimento (Wadsworth, 1993).

Piaget (2014) percebia que as funções cognitivas e afetivas eram indissociáveis; sempre que uma estava presente, a outra também poderia ser observada. Sua forma de escrever sobre essa relação é bastante clara:

2.1. Não há mecanismo cognitivo sem elementos afetivos:
a) nas formas mais abstratas da inteligência, os fatores afetivos intervêm sempre. Quando, por exemplo, um aluno resolve um problema de álgebra, ou um matemático descobre um teorema, há, no início, um interesse intrínseco ou extrínseco,

uma necessidade; ao longo do trabalho, podem intervir estados de prazer, de decepção, de ardor, sentimentos de fadiga, de esforço, de desânimo e outros; no final do trabalho, sentimentos de sucesso ou de fracasso; podem-se juntar a isto, enfim, também os sentimentos estéticos (na coerência da solução encontrada);

[...]

2.2. Não existe também um estado afetivo puro, sem elementos cognitivos. (Piaget, 2014, p. 39-40)

Piaget (2014) também achou necessário testar as capacidades cognitivas da criança (ele iniciou suas observações com seus próprios filhos). Ele acreditava que as crianças pequenas manifestam sua inteligência por meio de ações concretas; por volta dos seis ou sete anos as ações coordenadas são substituídas por operações, que vão estruturar logicamente o pensamento verbal. Assim, os testes desenvolvidos por ele, diferentemente dos testes psicométricos tradicionais usados até então, tentavam acessar, por meio de experimentos dados para a criança manipular, não o que a criança sabe (o produto), mas como ela sabe ou pensa (o processo); ou seja, como elas adquirem o conhecimento e usam a informação para resolver problemas (Weinberg, 1989).

O leitor deve se lembrar das discussões, nos primórdios da psicologia, sobre o papel do ambiente e da hereditariedade no desenvolvimento. Logo, os estudiosos se perguntavam naquela época: A inteligência é herdada ou é adquirida? Piaget (2014) foi um dos primeiros estudiosos a conciliar os dois lados, estabelecendo uma teoria interativa da inteligência. Ele entendia que todo desenvolvimento cognitivo depende tanto da contribuição genética quanto da qualidade do ambiente em que a criança se desenvolve. Essa posição tem hoje enorme aceitação, pois as pesquisas mais modernas suportam a noção de que as influências genéticas sobre o comportamento são multifatoriais, isto é, abrangem de igual maneira a transmissão hereditária e o ambiente. Por exemplo, Robert Plomin (1917), cientista pioneiro na pesquisa genética, afirma que:

- quando se fala em influência genética, não necessariamente se quer dizer que um traço é devido inteiramente à genética;
- a influência genética em traços como a inteligência mostra que há uma propensão probabilística na sua transmissão, e não uma programação predeterminada e imutável;
- mesmo que um traço seja altamente hereditário, as influências genéticas e ambientais interagem entre si, de forma que uma intervenção no ambiente pode ter um efeito expressivo em uma pessoa.

Embora seja útil conhecer as influências genéticas, principalmente para fins de pesquisa, é o conhecimento que permite uma diferença prática para o educador no seu campo de atuação. Tanto na escola quanto na família, um educador deve se empenhar nas formas novas e interessantes de estimular o ambiente no qual a criança está se desenvolvendo.

2.5 A inteligência na visão de Vygotsky

O estudo da inteligência cresceu mais ainda com a contribuição do psicólogo russo Lev Vygotsky (1896-1934). Ele defendia a ideia de que a aquisição do conhecimento (as habilidades necessárias para raciocinar, compreender e memorizar) é um processo que se dá pela experiência e que é mediado pela vivência da criança na sociedade. Vygotsky entende que a criança desenvolve as funções mentais superiores ao aprender e dominar os instrumentos físicos e simbólicos de sua cultura no seu processo de socialização. Ele enfatiza que o uso de ferramentas e de símbolos (apropriados pelo ser humano no decurso de seu desenvolvimento como espécie) amplia e cria novas possibilidades na solução de problemas. Da mesma forma, os signos, ou linguagem simbólica, que são construções da mente humana, fazem a mediação entre o homem e a realidade. A linguagem é, assim, um sistema simbólico fundamental em todos os grupos humanos, elaborado no curso da evolução da espécie e da história social.

Um dos pilares do pensamento de Vygotsky é a noção de que o indivíduo aprende em contato com o ambiente, mediado por pessoas de seu grupo social. Assim, a criança aprende com professores ou com colegas mais velhos que atuam em sua **zona de desenvolvimento proximal**. Esse é um conceito desenvolvido por Vygotsky para exemplificar a passagem daquilo que a criança ainda não sabe para a aprendizagem de coisas novas.

> Zona de Desenvolvimento Proximal é a distância entre o nível de desenvolvimento real, que se costuma determinar através da solução independente de problemas, e o nível de desenvolvimento potencial, determinado através da solução de problemas sob a orientação de um adulto ou em colaboração com companheiros mais capazes. (Vygotsky, 1984, p. 97)

Logo, uma boa situação de aprendizagem é aquela que envolve o aprendiz na sua zona de desenvolvimento proximal; no momento em que ele passa a dominar o problema ou a habilidade em questão (**zona de desenvolvimento real**), a orientação externa, seja do professor, seja do colega mais velho, por exemplo, passa a ser diminuída e uma tarefa mais desafiadora, com sua própria zona de desenvolvimento proximal, é apresentada (Gardner; Kornhaber; Wake, 1998).

2.6 Para além da psicometria: novas visões da inteligência

Vimos que o problema da definição da inteligência tem sido abordado de formas diferentes por filósofos e psicólogos ao longo dos últimos três mil anos. Pesquisadores afirmam que esse construto é complexo e apresentam opiniões diametralmente opostas que dominam o campo. Portanto, "Um conceito tão complexo como a inteligência não pode ser totalmente explicado por uma única definição, sem incorrer no risco de uma simplificação grosseira" (Detterman, 1988, p. 164).

Ao compararmos as definições de inteligência adotadas na primeira metade do século XX com as definições dos trabalhos posteriores à década de 1980, Sternberg e Detterman (1988) concluíram que, além das habilidades cognitivas superiores (como raciocínio abstrato, representação, capacidade de aprender, tomada de decisão e resolução de problemas), os pesquisadores adicionaram outros atributos a esse conceito, como a adaptação às exigências do meio ambiente, o papel da metacognição (que é como percebemos que pensamos e resolvemos problemas) e sua interação com os processos mentais. Já na década de 1980, a motivação, a emoção e a resolução de problemas estavam sendo incorporadas ao entendimento da inteligência, conforme a psicóloga Sandra Scarr, da Universidade da Virgínia:

> Certamente, para entender a inteligência no contexto do mundo real, a pesquisa em inteligência deve levar em conta a história da evolução e adaptação da variabilidade humana; e ainda requer entender aspectos de motivação, emoção e de resolução de problemas, tanto em seus aspectos maiores, quanto no dia a dia das pessoas comuns. (Scarr, 1988, p. 120)

No final da década de 1970, novas formulações sobre a natureza da inteligência foram propostas como reação à abordagem psicométrica e à visão da inteligência como um fenômeno unitário. Três das teorias contemporâneas mais influentes foram propostas por Gardner, Sternberg e Renzulli, as quais seguem um modelo cognitivo-contextual da inteligência. Vamos abordá-las a seguir.

2.6.1 A teoria das inteligências múltiplas de Gardner

A teoria das inteligências múltiplas, do psicólogo Howard Gardner, da Universidade de Harvard, teve bastante aceitação no Brasil, onde toda a sua obra foi traduzida para o português. Um dos fatores que ampliou a aceitação entre os pesquisadores e educadores brasileiros foi a sua aplicação prática, principalmente nas escolas. Essa teoria focaliza os potenciais humanos, e não as habilidades fixas, conforme faziam seus antecessores. Além disso, essa teoria percebe a superdotação como capacidades de domínios específicos em vez de uma capacidade geral de todos os domínios (Davidson, 2009). Logo, uma pessoa pode dominar com maestria um campo de conhecimento devido a sua alta capacidade – digamos, na matemática – e, ao mesmo tempo, apresentar baixo domínio em outro campo – na linguagem, por exemplo. Isso fez cair por terra a crença de que, se uma pessoa é boa em uma área ou disciplina, tem de ser boa também nas outras. Ainda hoje muitos professores esperam que o superdotado seja bom em tudo e se dê bem igualmente em todas as matérias ou disciplinas escolares, o que se tem comprovado ser um mito (Alencar, 1986; Hetherington; Parke, 1999; Virgolim, 2003).

Portanto, Gardner define a *inteligência* como "a capacidade de resolver problemas ou elaborar produtos que sejam valorizados em um ou mais ambientes culturais ou comunitários." (Gardner, 1995, p. 14).

A teoria das inteligências múltiplas estabelece que a competência cognitiva humana – nossa inteligência – pode ser descrita como um conjunto de nove (ou mais) habilidades, talentos ou capacidades mentais universais (Gardner, 1983, 1995, 1999; Ramos-Ford; Gardner, 1997), assim descritas:

1. **Linguística**: É a capacidade de criar produtos que envolvam material oral ou escrito. No adulto, a capacidade linguística pode ser observada na figura do escritor, novelista, poeta ou ensaísta; já na criança, pela habilidade em contar histórias ricas e coerentes e relatar de forma acurada suas experiências.

2. **Lógico-matemática**: É a capacidade de lidar com números e equações, criar evidências e executar cálculos complexos. Juntamente com a inteligência linguística, consiste na principal base para os testes de QI. Esse tipo de inteligência está presente no raciocínio lógico e na computação e em

profissões como a do matemático, técnico de computação ou físico. A criança demonstra essa inteligência pela facilidade com que lida com contas, cálculos e notações matemáticas.

3. **Espacial**: Permite ao indivíduo entender mapas e informações gráficas e de representar e manipular configurações espaciais. Engenheiro, mecânico, arquiteto, desenhista, navegador e jogador de xadrez são exemplos de pessoas que evidenciam a habilidade espacial de maneiras diferenciadas. Na criança, percebemos essa habilidade por sua capacidade em lidar com quebra-cabeças, LEGO®, jogos de resolução de problemas espaciais, desenho e pintura.

4. **Musical**: Permite ao indivíduo criar e dar sentido a diferentes padrões de som e mostrar sensibilidade ao ritmo, à textura e ao timbre. Tanto o adulto quanto a criança podem demonstrar sua habilidade nessa área pela sensibilidade ao timbre e ao ritmo, pela habilidade de ouvir temas na música ou pelo desempenho e composição musicais.

5. **Corporal-cinestésica**: Refere-se à capacidade do corpo ou de parte do corpo em desempenhar uma tarefa, modelar um produto ou resolver problemas. Podemos ver essa inteligência em funcionamento no adulto dançarino, atleta, mímico, cirurgião. A criança com inteligência corporal-cinestésica tem facilidade em se mover expressivamente em resposta a diferentes estímulos musicais e verbais; ela também pode expressar essa inteligência nos esportes, no atletismo e em atividades lúdicas.

6. **Interpessoal**: É uma inteligência que notamos naqueles indivíduos que mostram facilidade em reconhecer seus próprios estados de ânimo, desejos, motivações e intenções, inclusive em outras pessoas, mesmo que elas não os

verbalizem. Em adultos, essa capacidade pode aparecer em líderes religiosos ou políticos, professores, terapeutas e pais. Percebemos crianças com boa capacidade interpessoal por sua capacidade de liderança e de organização e por se mostrarem sensíveis às necessidades e aos sentimentos dos outros (uma habilidade que aparece bastante nas crianças superdotadas como grupo).

7. **Intrapessoal**: Inteligência voltada para o entendimento de si próprio e das próprias emoções; refere-se à capacidade de discriminar emoções e utilizá-las para entender e orientar o próprio comportamento. A música, a literatura e as artes visuais, por exemplo, são meios bastante utilizados para a expressão da inteligência interpessoal. Gardner acredita que as inteligências pessoais (interpessoal e intrapessoal) representam o senso de eu do indivíduo e estão se tornando cada vez mais relevantes para o indivíduo e a espécie.

8. **Naturalista**: Está relacionada à natureza em geral e é percebida pela facilidade com que o indivíduo identifica padrões na forma como as coisas são organizadas ou como funcionam; por exemplo, distinguir vários tipos de plantas, animais, condições atmosféricas e outros produtos do mundo natural.

9. **Existencial**: Ainda em fase de testes, a inteligência espiritual ou existencial se percebe pela habilidade da pessoa em se envolver com questões relacionadas a vida, morte, amor, existência, com preocupação referente a certos conteúdos cósmicos, aos estados de consciência e aos efeitos que os indivíduos com essa inteligência exercem sobre os outros.

Figura 2.3 – As nove inteligências propostas por Gardner

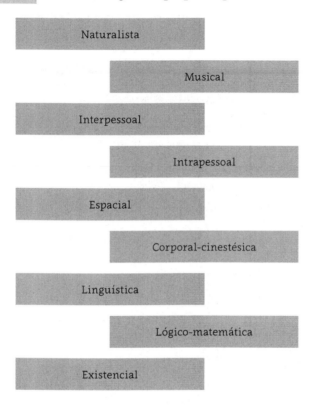

Como já mencionamos, a independência de cada inteligência significa que o indivíduo pode ter uma alta capacidade em um tipo de inteligência, mas baixa em outra, e a pessoa que não é tão habilidosa em qualquer uma das inteligências pode alcançar uma posição de destaque no trabalho ou em sua comunidade.

Assim, Gardner afirma que, para acessar a ampla extensão do potencial humano, precisamos observar o desempenho real das crianças em domínios específicos e em tarefas que vão acessar o seu tipo de inteligência mais dominante. Também devemos aprender mais sobre os seus interesses e os estilos cognitivos, que são próprios de cada pessoa. Por exemplo, a avaliação na área da matemática deveria apresentar problemas em ambientes matemáticos; na música, os problemas deveriam estar inseridos num sistema musical; a inteligência espacial poderia ser observada em montagens de LEGO® ou quebra-cabeças; e assim por diante. Uma evidência importante da habilidade ou do talento é dada quando o indivíduo pode escolher, em meio a materiais variados, capazes de estimular várias inteligências, os que mais chamam a sua atenção e que deseja explorar de forma mais aprofundada. Em uma etapa posterior, outras situações de avaliação podem ser propostas, com o objetivo de levar ao entendimento mais completo do tipo de inteligência apresentado por cada criança na sua situação de escolha. Gardner ainda propõe que, no âmbito escolar, a avaliação possa se estender por todo o ano letivo, pois é por meio de estimulação e de jogos especialmente fabricados para acessar cada tipo de inteligência que estas emergem e se evidenciam no comportamento infantil. Essa é uma posição que ganha muitos adeptos no campo da superdotação.

2.6.2 A teoria triárquica da inteligência de Sternberg

Robert Sternberg propõe uma teoria triárquica da inteligência, a qual sinaliza que a inteligência não é uma construção fixa e unitária; vai além da noção tradicional de capacidade acadêmica. O pesquisador indica que essas habilidades podem ser aprendidas, estimuladas e ensinadas, especialmente nos ambientes escolares. (Sternberg, 1997, 2009)

A teoria triárquica de Sternberg salienta três aspectos da inteligência que se revelam em pessoas superdotadas e talentosas: a inteligência ou habilidade analítica, a inteligência ou habilidade sintética e a inteligência ou habilidade prática.

Figura 2.4 – A teoria triárquica de Sternberg

Habilidades analíticas	Habilidades sintéticas	Habilidades práticas
• Acadêmica • Lógica • Valorização do raciocínio • Memória • Pensamento convergente	• Criativa • Inventiva • Valorização do novo • Não convencional • Pensamento divergente	• Competência social • Ajustamento geral • Sucesso nos diversos ambientes em que a pessoa atua (trabalho, escola, vida social)

A pessoa com altas **habilidades analíticas** é aquela capaz de analisar um problema em suas partes, o que envolve alto raciocínio analítico; essas pessoas tendem a se sair bem em testes convencionais de inteligência. As pessoas com **habilidades sintéticas**, por sua vez, são perspicazes, criativas e hábeis em lidar com situações relativamente novas; elas podem não ter um QI alto, mas frequentemente estão entre as pessoas que fizeram contribuições importantes para as ciências, as artes e áreas afins. Já as pessoas com **habilidades práticas** são aquelas capazes de aplicar suas habilidades de pensamento em situações cotidianas, pragmáticas; resolvem as situações quando elas se apresentam em sua vida cotidiana, em casa ou no trabalho, muitas vezes se valendo de sua experiência prática ou sabedoria de vida.

Em seus estudos mais recentes, Sternberg (2007) sugere que a sabedoria talvez seja o traço mais valioso que a sociedade possa desenvolver nos indivíduos. A sabedoria requer equilíbrio entre a inteligência e a criatividade, por um lado, e os próprios interesses da pessoa, os interesses dos outros e os aspectos do ambiente em que se vive, por outro, a fim de se obter o bem geral. Assim, se o indivíduo quer realmente contribuir para a sociedade, a inteligência, a criatividade e a sabedoria devem ser sintetizadas para que possam trabalhar juntas de forma efetiva (Davidson, 2009).

2.6.3 A teoria de Joseph Renzulli

O conceito de **bem geral** (visto como *capital social*) foi também incorporado, em anos recentes, à concepção de superdotação de Joseph Renzulli e ao seu modelo de enriquecimento escolar (Renzulli, 2002, 2005; Renzulli; Reis, 2014). A teoria de Renzulli (descrita como quatro subteorias ou partes) está diretamente relacionada ao entendimento, à identificação, ao enriquecimento escolar e à educação de crianças e jovens superdotados e tem correlação próxima com as teorias de Gardner e Sternberg.

A primeira parte da teoria (**teoria dos três anéis**) diz respeito ao conceito de inteligência e, por extensão, da superdotação, mostrando como esta surge da interação entre habilidades superiores e do envolvimento com a tarefa e a criatividade. A segunda parte se refere à formação de um **pool de talentos** e como podemos identificar pessoas com superdotação e talento. A terceira parte se focaliza nas formas de **complementar,**

diferenciar e enriquecer o currículo para esse alunado dentro do espaço escolar, seja no ensino regular, seja nas salas de recurso. A quarta e última parte mostra como as pessoas com potencial superior podem influenciar no avanço da sociedade por meio de uma **liderança ética** e calcada em valores morais, com o objetivo de se atingir um bem maior e mais igualitário na sociedade. Essa teoria, por ter sido adotada formalmente, no Brasil, pelo Ministério da Educação (MEC), a fim de guiar o trabalho com os superdotados, será discutida em detalhes nos próximos capítulos.

2.7 A inteligência emocional

Mostramos, neste capítulo, que o grande desenvolvimento que se deu nas últimas décadas do século XX, tanto em termos tecnológicos como sociais, culturais, artísticos e científicos, permitiu uma radical mudança no entendimento dos conceitos de inteligência e superdotação. A inteligência passou a ser vista de forma muito mais ampla e, embora ainda difícil de se definir, perdeu seu caráter unicista e fixo, abarcando a multidimensionalidade e a praticidade e ainda se mostrando permeável aos efeitos do ambiente. O papel dos traços de personalidade e da criatividade e outras características relacionadas à responsabilidade social foram adicionados às habilidades cognitivas tradicionais para explicar como o potencial se transforma de forma extraordinária num domínio específico (Davidson, 2009).

Já no final da década de 1980, o interesse dos pesquisadores se voltou para o papel dos fatores envolvidos na realização pessoal dos indivíduos. Assim, a pergunta que os especialistas se faziam era: Se o índice de QI não é suficiente para garantir a realização pessoal e o sucesso profissional dos indivíduos, então quais fatores poderiam explicar por que uma pessoa inteligente atinge o sucesso e outras não?

Vamos lembrar que esse interesse não é novo. Terman, já em 1925, preocupava-se em elucidar esses aspectos e, como vimos nos resultados de sua pesquisa longitudinal, vários fatores não relacionados à capacidade cognitiva e intelectual das pessoas mostraram uma correlação maior com o sucesso do que o simples QI. Assim, parte das pesquisas se voltaram ao estudo desses aspectos, o que culminou com os trabalhos de Bar-On, Salovey e Meyer, além dos estudos de Goleman sobre os aspectos não cognitivos da inteligência, notadamente as emoções e a afetividade.

O comportamento socialmente competente já era motivo de interesse no início do século e era denominado *inteligência social* (Bar-On, 2006; Maree; Elias; Bar-On, 2009). Bar-On (2006) esclarece que, em 1935, Edgar Doll publicou o primeiro instrumento concebido para medir o comportamento socialmente inteligente em crianças pequenas. Wechsler, o criador dos testes de inteligência WISC e WAIS (que já mencionamos no capítulo anterior), argumentava, em 1939, que fatores não intelectivos tinham grande influência no comportamento inteligente e que "os nossos modelos de inteligência não serão completos até podermos descrever adequadamente esses fatores" (Bar-On, 2006, p. 13, tradução nossa).

As definições iniciais de inteligência social influenciaram a maneira como a inteligência emocional foi mais tarde concebida. Teóricos contemporâneos como Peter Salovey, da Universidade de Yale, e John Mayer, da Universidade de New

Hampshire, descreveram a inteligência emocional como parte da inteligência social (Salovey; Mayer, 1990, p. 189), o que sugere que ambos os conceitos representam componentes inter-relacionados do mesmo construto.

Hoje em dia, a inteligência emocional é muito discutida em várias áreas, dada a sua importância para os relacionamentos sociais. Para os autores dessa teoria, a inteligência emocional seria a capacidade de raciocinar, agir e regular as emoções. Envolve a capacidade de perceber acuradamente as emoções, acessar e gerar emoções, de forma a guiar o pensamento, entender as emoções e o conhecimento emocional e refletidamente regular as emoções para promover o crescimento emocional e intelectual.

> Mayer e Salovey definem *inteligência emocional* como a habilidade de perceber, expressar, compreender e regular emoções.

Salovey e Mayer (1990) descrevem a inteligência emocional como se fosse um tronco com quatro galhos ou ramos. Cada galho corresponde a quatro fatores diferentes da inteligência emocional, arranjados de forma hierárquica do processo psicológico mais básico para o maior e mais integrado. Logo, temos:

1. **Perceber**: A percepção da emoção implica compreender as emoções com precisão, incluindo os sinais não verbais, como a linguagem corporal e as expressões faciais.
2. **Pensar**: A habilidade de raciocinar usando as emoções envolve o uso de emoções para promover o pensamento e a atividade cognitiva e priorizar o que nos chama a atenção.
3. **Entender**: A capacidade de compreender a emoção, suas origens e expressão.
4. **Gerenciar**: A capacidade de gerenciar e regular as próprias emoções e adequadamente responder às emoções dos outros.

Figura 2.5 – A inteligência emocional segundo Salovey e Mayer

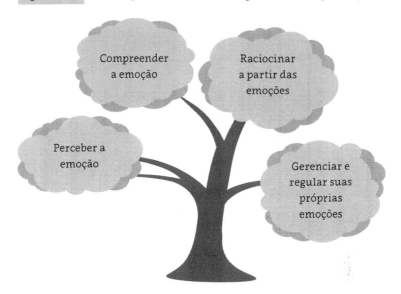

Portanto, para Bar-On e Maree (2009, p. 563, tradução nossa),

a inteligência emocional-social é um conjunto de competências emocionais e sociais, habilidades e facilitadores inter-relacionados, que determinam quão efetivamente entendemos e expressamos a nós mesmos, entendemos os outros e nos relacionamos com eles, e lidamos com as demandas e desafios diários.

Salovey e Mayer (1990) ainda ressaltam que o uso da informação com base nos seus aspectos da emoção é uma característica da inteligência e está relacionado a importantes comportamentos e competências sociais que modelam nossas vidas. Espera-se que indivíduos com alta inteligência emocional sejam capazes de dominar mais habilidades e de desenvolvê-las mais rapidamente no decurso do desenvolvimento.

Assim, o desenvolvimento da inteligência emocional em alunos intelectualmente brilhantes deveria ser uma meta tanto para os educadores quanto para os psicólogos que lidam com o aluno superdotado (Hébert, 2011).

Síntese

Vimos, neste capítulo, o grande progresso feito em relação ao conceito da inteligência, que, a partir da década de 1950, passou a incorporar aspectos de criatividade, motivação, elementos de personalidade e afetividade. Segundo as teorias de inteligência que revisamos, a percepção e o entendimento do papel dos fatores não cognitivos na inteligência são fundamentais para compreendermos mais amplamente o conceito de superdotação.

Assim, podemos concluir que o que faz a superdotação e os talentos notáveis são os fatores não cognitivos, entre os quais podemos ressaltar: a criatividade, que implica fazer coisas de modo diferente, com o uso de habilidades e talentos de formas distintas e com diferentes perspectivas; a emoção ou afetividade, que permite sentimentos diferenciados com relação as suas próprias experiências e a compreensão empática da sua área de talento; e a motivação, que implica uma energia voltada para a obtenção de uma meta. Portanto, programas que focalizem o desenvolvimento da criatividade, da motivação e da inteligência emocional são necessários para todas as crianças, mas particularmente para aquelas com altas habilidades/superdotação, já que as ajudam a se desenvolver de forma saudável sem o risco do isolamento social e da falta de desafios, fatores que contribuem para problemas emocionais e sociais.

Atividades de autoavaliação

1. O estudo longitudinal de Terman foi um dos mais significativos na história da superdotação, embora possa ser considerado falho na questão metodológica. Resuma as principais críticas que podem ser feitas a esse trabalho.

2. Qual é a importância do trabalho de Leda Hollingworth para a educação? Quais os fatores encontrados em seu estudo que explicam as dificuldades das pessoas profundamente superdotadas?

3. Qual foi a importância de Guilford para o estudo da inteligência? O que mediam os seus testes?

4. Quais os principais aspectos das teorias de Piaget e Vygotsky que foram incluídos no estudo da inteligência? Como Piaget e, contemporaneamente, Plomin respondem à questão: a inteligência é herdada ou é adquirida?

5. Gardner, Sternberg e Renzulli são renomados expoentes da questão da inteligência. Enumere resumidamente a noção de inteligência e/ou superdotação de cada pesquisador e destaque o que têm em comum.

Atividades de aprendizagem

Questões para reflexão

1. No capítulo anterior, você listou alguns exemplos de pessoas inteligentes. Volte àquela lista e reflita: As pessoas inteligentes, na sua opinião, são também criativas? Em que medida a criatividade e a inteligência se diferenciam nessas pessoas?

2. Para você, no mundo atual, o que é mais valorizado: a pessoa inteligente, a pessoa criativa ou a pessoa com inteligência prática? Pense em como esses três conceitos poderiam ser levados em conta, por exemplo, em uma proposta de emprego.

3. Em que medida você considera, na sua própria vida, a importância da inteligência emocional? Como seria o ensino (e suas consequências) se as escolas ensinassem habilidades sociais básicas?

Atividade aplicada: prática

1. As múltiplas inteligências (Gardner)
   O objetivo principal deste trabalho é entender como se dá a superdotação segundo a abordagem de Howard Gardner, que percebe o superdotado como aquele que se destaca em pelo menos um entre os nove tipos de inteligências propostos, a saber:
   1. linguística;
   2. lógico-matemática;
   3. espacial;
   4. corpo-cinestésica;
   5. musical;
   6. interpessoal;
   7. intrapessoal;
   8. naturalista;
   9. existencial.

a) Relacione a cada tipo de inteligência pelo menos dois nomes (um deles brasileiro) que se destacaram pelo uso dessa habilidade.
b) Justifique sua escolha definindo e explicando cada inteligência e como cada pessoa indicada a demonstra.
c) Busque uma reportagem (revista, internet, jornal) sobre pelo menos duas das pessoas que você mencionou. Comente as matérias e destaque como essas pessoas fizeram uso da(s) inteligência(s) e de que forma são reconhecidas pelo uso da(s) habilidades(s).
d) Indique uma pessoa proeminente da sua área que poderia ilustrar uma dessas inteligências – alguém que tenha se destacado no seu campo no nível mundial ou comunitário, brasileiro ou não. Ressalte o que essa pessoa fez, como colaborou para o desenvolvimento do seu campo e como usou a inteligência mencionada.

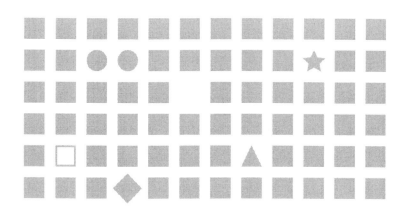

Capítulo 3
Concepção das altas habilidades/superdotação: a teoria dos três anéis de Renzulli

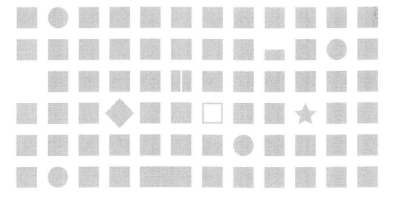

Neste capítulo, vamos focalizar mais de perto a superdotação. Começaremos com a discussão sobre sua importância no mundo moderno. Depois, conduziremos uma reflexão sobre as terminologias que usamos na área e as definições oficiais em uso no Brasil. Para finalizar com uma base teórica sólida, fundamentada em pesquisas, apresentaremos a teoria dos três anéis, de Renzulli. Essa teoria mostra a importância do desenvolvimento de potenciais com base na confluência de habilidades, motivação e criatividade, além de ressaltar o papel da escola nesse processo.

Um dos grandes mitos que se perpetua na área é que os superdotados, como grupo, são pessoas privilegiadas (em oposição às pessoas com deficiência) e que não precisam de mais nada para se desenvolverem. O mito de que o superdotado já vem pronto perpassa a política que se evidenciou no Brasil por muitas décadas (e que talvez ainda exista em algum nível), dificultando o repasse de recursos públicos para a área e, consequentemente, para programas especializados nos vários níveis educacionais (do infantil ao universitário) e, ainda, para o apoio à pesquisa e ao ensino. Uma evidência disso é a fuga de talentos para países mais desenvolvidos, nos quais nossas mentes brilhantes buscam aperfeiçoamento e oportunidades de desenvolvimento.

A despeito disso, programas para superdotados surgiram no Brasil na década de 1970 (Alencar, 1986; Delou, 2007) e iam e voltavam ao sabor das políticas governamentais vigentes. Isso mudou apenas em 2005, quando uma política pública mais consolidada surgiu no país, em uma parceria do Ministério da Educação (MEC) com a Organização das Nações Unidas para Educação, Ciência e Cultura (Unesco) para a criação dos Núcleos de Atividades para as Altas Habilidades/Superdotação (NAAH/Ss) em todos os estados. Nessa ocasião, técnicos do MEC, pesquisadores e especialistas se uniram para trazer uma base teórica sólida aos professores que iriam trabalhar nesses espaços. O modelo de enriquecimento escolar, de Renzulli, por ter maior proeminência no campo e por contar com professores doutores especializados no tema no país, foi o escolhido para embasar os documentos oficiais que se seguiram. Uma coletânea de livros especializados que focalizava o trabalho com o aluno, com o professor e com a família foi produzida e cursos de capacitação foram iniciados. Após esse pontapé inicial, as secretarias de educação, apoiadas por especialistas nas universidades, nos centros especializados e nas associações (como o ConBraSD), continuaram o trabalho de capacitação de professores e de sensibilização da comunidade[1]. A importância desse trabalho para o nosso país se tornará visível neste capítulo, no qual esperamos captar a sua atenção para os aspectos filosóficos e práticos que rondam a superdotação.

---

[1] O leitor interessado pode baixar gratuitamente, no portal do Ministério da Educação, os quatro livros da coletânea *A construção de práticas educacionais para alunos com altas habilidades/superdotação*. Disponível em: <http://portal.mec.gov.br/busca-geral/192-secretarias-112877938/seesp-esducacao-especial-2091755988/12679-a-construcao-de-praticas-educacionais-para-alunos-com-altas-habilidadessuperdotacao>.

3.1 Por que desenvolver talentos?

Quando o assunto é superdotação, é inegável que venha a nossa mente uma galeria de figuras notáveis, aquelas que normalmente denominamos *gênios*: pessoas que deram contribuições substanciais à ciência, à tecnologia, à cultura e às artes; que quebraram paradigmas, inventaram novos conceitos e artefatos ou iniciaram uma nova era de pensamento. Essa galeria de notáveis pode contemplar nomes como Einstein, Freud, Shakespeare, Villa-Lobos, Galileu Galilei, Darwin, Chaplin, Van Gogh, Marie Curie, Piaget, Gandhi, Picasso, Stephen Hawking e, por que não, Michael Phelps, Pelé, Daiane dos Santos e Fernanda Montenegro. Certamente você pode adicionar vários outros nomes a essa lista.

No entanto, quando analisamos as biografias e a história pregressa dessas pessoas notáveis, um fato, com pouquíssimas exceções, torna-se evidente: essas mentes extraordinárias, a despeito de suas potencialidades genéticas, não nasceram prontas. Não há uma separação absoluta entre tais pessoas e os seres humanos "comuns" como eu e você. Elas também tiveram uma infância "normal", e muitas foram reconhecidas somente na vida adulta pela sua inteligência, pelo seu desempenho intelectual, artístico ou afetivo. Algumas chegaram a ser desencorajadas no seu desenvolvimento pelas famílias, pelas escolas ou por profissionais.

Por exemplo, em uma entrevista a um jornal americano, o famoso ator Tom Cruise relata que os anos iniciais na escola foram de muito fracasso, pois tinha dislexia e era desacreditado por seus professores. No entanto, desenvolveu uma memória fantástica e, com a ajuda de um assistente, que lia o material do roteiro em voz alta, Cruise memorizava suas falas e conseguia, com seu talento performático, desenvolver com habilidade seus personagens. Temos ainda o exemplo de Thomas Edison, que, devido a uma escarlatina nos primeiros anos de vida, desenvolveu uma surdez relativa que não foi corretamente percebida pelos professores; por isso, foi expulso da escola por ser irrequieto demais e não prestar atenção nas aulas. Com a ajuda da mãe, que era professora, instalou seu laboratório no sótão de sua casa, onde iniciou as pesquisas que o levaram a centenas de descobertas. Muitos outros exemplos podem ser dados, os quais mostram como as mentes inquietas ultrapassaram obstáculos para dedicar seus esforços e sua motivação a suas áreas fortes e a seus interesses. Renzulli e Reis (1986, p. VII, tradução nossa) nos lembram:

> As pessoas que marcaram a história por suas contribuições ao conhecimento e à cultura não são lembradas pelas notas que obtiveram na escola ou pela quantidade de informações que conseguiram memorizar, mas sim pela qualidade de suas produções criativas, expressas em concertos, ensaios, filmes, descobertas científicas etc.

A figura a seguir demonstra como a realização pessoal e o sucesso das pessoas não dependem de suas áreas fracas ou de suas incapacidades, mas, pelo contrário, de fatores como perseverança, esforço, vontade de vencer e metas relacionadas as suas áreas de interesse ou áreas fortes. Portanto, embora possamos apenas especular sobre os fatores genéticos que levaram essas pessoas ao sucesso, podemos pontuar fatos na história de cada um que provavelmente tiveram maior impacto em suas trajetórias.

Figura 3.1 – O que nos mostra a história?

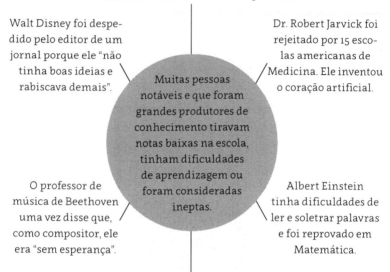

3.2 Potencialidades

Todos os indivíduos, talentosos, mais capazes e brilhantes ou não, têm aspectos em comum no desenvolvimento. Embora nem todos possam ser algum dia reconhecidos pelos talentos, podem pelo menos desenvolvê-los para que suas vidas sejam mais produtivas e satisfatórias (Virgolim, 2007a). Nessa direção, está o pensamento de Maslow, um dos maiores expoentes da psicologia humanística, que afirmava que a autorrealização estaria no ponto mais alto da pirâmide de necessidades do indivíduo. Ou seja, depois que as necessidades básicas estivessem asseguradas (nossa saúde física, por exemplo), viriam as necessidades secundárias (de segurança, de pertencimento a grupos sociais e de boa autoestima) e, por fim, a necessidade de se autorrealizar, de buscar a satisfação pessoal e atingir metas e objetivos de vida. A busca de autorrealização é, assim, a mais alta motivação do indivíduo e é o que o leva a perseverar na busca de seus objetivos.

Figura 3.2 – A pirâmide das necessidades de Maslow

Realização pessoal	Moralidade, criatividade, espontaneidade, solução de problemas, ausência de preconceito, aceitação dos fatos.
Estima	Autoestima, confiança, conquista, respeito dos outros, respeito aos outros.
Amor/ relacionamento	Amizade, família, intimidade sexual.
Segurança	Segurança do corpo, do emprego, de recursos, da moralidade, da família, da saúde, da propriedade.
Fisiologia	Respiração, comida, água, sexo, sono, homeostase, excreção.

Uma realidade que percebemos em nosso país é que criança entra na vida escolar, em geral, sem consciência de seus talentos. Muitas delas não têm a oportunidade de explorar suas potencialidadeos nos anos iniciais de vida, e seus talentos podem ficar escondidos ainda durante os anos escolares e, às vezes, por toda a sua vida. A literatura na área (veja Alencar; Virgolim, 2001) indica que crianças que não são adequadamente atendidas em programas especializados, ou que não são validadas em seus talentos por seus pais, professores ou seus pares, tendem a se engajar em comportamentos sociais inadequados, a se tornarem hostis e agressivas e a se sentirem inseguras, frustradas e com sentimentos gerais de inadequação. Assim, os educadores precisam conhecer os pontos fracos e fortes de seus alunos, seus interesses, suas aptidões, seus estilos de aprendizagem e suas habilidades afetivas e sociais; favorecer a construção do conhecimento em seu próprio ritmo; e desenvolver sentimentos de adequação, aliados a um autoconceito positivo, sólido e consistente. Talvez assim possamos transformar as potencialidades em certezas e realizações (Virgolim, 2007a, p. 10).

3.3 O termo *superdotado*

Começamos este livro falando sobre o conceito de inteligência e de como ele evoluiu no decorrer do século passado. A busca do entendimento desse conceito e, por conseguinte, a sua medição levaram a sociedade a se interessar por aqueles indivíduos que se destacavam no uso da inteligência. Mas será que *superdotação* é a mesma coisa que *inteligência*? Podemos dizer que todo indivíduo superdotado é inteligente? Se você estiver usando uma concepção psicométrica da inteligência, sua resposta provavelmente será *não*; ou seja, indivíduos considerados inteligentes são apenas os que obtêm um alto índice nos testes de QI. Mas, se você estiver pensando nas teorias contemporâneas da inteligência (como as de Gardner, Sternberg e Renzulli), sua resposta será *sim*, pois o que entendemos como comportamento inteligente está muito além das habilidades cognitivas somente, abarcando áreas que não são medidas nos testes psicométricos. Assim, ao compararmos Einstein com Pelé, estamos falando de superdotados em diferentes domínios. Neste capítulo, tentaremos fazer com que esses conceitos fiquem mais claros.

Várias são as definições de superdotação e vários são os termos utilizados para definir o conceito. Sabatella (2005) ilustra a variedade de termos que usamos em nossa cultura em seu interessante livro *Talento e superdotação: problema ou solução?*

> Crianças superdotadas sempre receberam outros "títulos", na tentativa de encontrar uma terminologia que seja mais aceitável para a família e a sociedade. Alguns desses termos descrevem apenas parte do que é ser superdotado e outros têm significados completamente diferentes.
>
> **Talentoso** – terminologia usada por alguns autores que denominam de **talento** as habilidades na área artística ou psicomotora, e **superdotação** as que estão direcionadas à melhor produção acadêmica. **Talento** pode também ser usado para uma habilidade específica que o indivíduo possui e que pode ser altamente desenvolvida com empenho e dedicação.

Crianças superdotadas normalmente têm mais do que uma habilidade/talento.

Gênio – anteriormente foi muito usado, mas não é adequado para a superdotação. O gênio só é reconhecido por uma produção ou contribuição que causa transformação em um campo do conhecimento e pode mudar conceitos estabelecidos, permanecendo por gerações. A palavra é mais adequada para pessoas como Einstein, Leonardo da Vinci, Marie Curie, Stephen Hawking.

Precoce – geralmente se refere a uma criança que evidencia habilidade específica, prematuramente desenvolvida, em qualquer área do conhecimento. [...]

Prodígio – refere-se à criança que em idade precoce demonstra um nível avançado de habilidade, semelhante ao de um profissional adulto, em algum campo específico. Pode ser usado, também, quando a criança tem um estilo muito disciplinado de motivação.

Inteligência Superior – é uma expressão comparativa. Quando um indivíduo é classificado com inteligência superior, devemos perguntar: a quem? em qual grupo? é superior em que gradação? A criança superdotada poderá ser superior à maioria das crianças de sua idade em alguns aspectos e ser igual ou até ter menos habilidade em outros.

Alto QI – outro termo comparativo, pois deve ser relacionado ao que é mais alto. Além de tudo, é limitante. A superdotação está além de um número ou valor de um teste.

Rápido para aprender – é uma expressão útil na compreensão da superdotação, porque é uma característica distinta, manifestada por crianças superdotadas. Entretanto, não explica todas as suas características.

Excepcional – pode descrever o nível de alguma das características ou habilidades da criança superdotada. Há pessoas que, para evitar a palavra **superdotado**, dizem **excepcional para mais**, o que absolutamente não existe. A palavra **excepcional** já foi empregada anteriormente para descrever pessoas com algum déficit, ou limitação. (Sabatella, 2005, p. 62-63, grifo do original)

Vamos destacar aqui três dos termos mais utilizados e que ainda causam confusão entre o público leigo: *precoce, prodígio* e *gênio*.

3.3.1 A criança precoce

Precoce é a denominação dada à "criança que apresenta de forma prematura, no seu desenvolvimento, uma habilidade específica em qualquer área do conhecimento; usualmente as áreas mais comuns são a música, a matemática, a linguagem e a leitura" (Alencar, 1986). Uma criança que lê antes dos cinco anos de idade, por exemplo, pode ser chamada de *precoce*: ela desenvolveu uma habilidade algum tempo antes do que se é esperado. O quanto essa habilidade vai diferir das outras crianças da mesma idade determina o nível da precocidade – eventualmente todas irão ler (dadas as condições adequadas, claro).

A psicóloga Ellen Winner, pesquisadora da Universidade de Harvard (e esposa de Howard Gardner), afirma que todas as crianças superdotadas são precoces, pois o desenvolvimento delas e sua progressão em um dado domínio se faz de forma rápida e com aparente facilidade (Winner, 1998). No entanto, torna-se claro, pelo acompanhamento de relatos de pesquisa de vários casos apresentados na literatura, que a precocidade, mesmo em graus mais elevados, não é garantia de sucesso ou eminência no futuro. Essa é a posição de Freeman e Guenther (2000), que afirmam que nem todos os adultos que se tornaram famosos foram crianças precoces. Na trajetória de desenvolvimento de uma criança e nas suas experiências de vida, vários fatores poderão interferir na expressão de suas habilidades; além disso, as autoras apontam a necessidade de se considerar fatores como motivação intrínseca, curiosidade, vontade de aprender e presença de fatores estimuladores do ambiente, por exemplo, que poderão ter efeito determinante na continuidade de um desempenho superior.

3.3.2 A criança prodígio

Prodígio é o termo utilizado para se referir à criança precoce que apresenta um alto desempenho, no nível de um profissional adulto, em algum campo cognitivo específico (Feldman; Goldsmith, 1991; Morelock; Feldman, 2000).

> Um clássico exemplo de uma criança prodígio, com uma habilidade excepcional, foi o de Mozart, que começou a tocar cravo aos três anos de idade, e aos sete já compunha regularmente e se apresentava nos principais salões da Europa. Além disso, ao ouvir apenas uma vez o *Miserere* de Gregório Allegri, foi capaz de transcrever a peça inteira de memória, quase sem cometer erros. (Gardner, 1999, p. 63, tradução nossa)

Os prodígios são aqueles casos que geralmente a mídia apresenta ao público, exatamente por sua raridade e pela surpresa que causa em todos nós. A precocidade dá lugar a um desenvolvimento único, expressivo e bastante diferente da norma, que é característica dos prodígios. Veja, como exemplo, esta reportagem do portal Vírgula:

> Kim Ung-Yong nasceu em 1962 e surpreendeu a todos com sua inteligência logo novinho. Aos seis meses de idade, Kim já desenvolveu a fala. Com um ano de idade ele já conversava fluentemente. Aos três anos de idade o garoto sul-coreano já conseguia ler em japonês, coreano, alemão e inglês. Aos cinco anos, já resolvia cálculos integrais e diferenciais (que a maioria das pessoas só resolve na faculdade). Dos 4 aos 7 anos de idade, Kim foi estudante convidado de física na Universidade Hanyang. Aos oito anos, ele foi convidado pela NASA para concluir seus estudos nos Estados Unidos. Fraco o menino, ein? Ele está no livro dos recordes com um dos QIs mais altos do mundo, 210. (Conheça..., 2014)

Para Feldman e Goldsmith (1991), o prodígio é único, no sentido de que exibe uma habilidade extremamente especializada, que se expressa sob condições bastante específicas do ambiente sociocultural. Demonstra uma sintonia a um campo particular do conhecimento, com um domínio rápido e aparentemente sem esforço da sua área de interesse. Em geral, os prodígios não têm desempenho extraordinário em várias áreas; focalizam em apenas uma área de maior expressividade. São precoces, expressam seus talentos com bastante tenacidade e altíssimo interesse e se dedicam à área de talento como condição necessária a sua satisfação pessoal e ao seu bem-estar.

3.3.3 Os gênios da humanidade

Vemos com muita frequência, em nosso meio, que as pessoas se referem a uma criança superdotada como *gênio*, devido a sua precocidade em uma área específica. Frequentemente a mídia associa o superdotado ao gênio, às habilidades inatas e ao desempenho excelente em todas as áreas, numa clara demonstração da desinformação sobre o tema em nossa sociedade.

Como vimos anteriormente neste livro, o termo *gênio* foi popularizado por Terman, que, em seu livro *Genetic studies of genius*, de 1926, definiu como *gênio* qualquer criança com um QI superior a 140, conforme medido pelo teste Stanford-Binet (Ehrlich, 1989). No entanto, a literatura sugere o uso do termo *gênio* apenas para se referir às pessoas que, em algum momento do tempo, deram contribuições originais e de grande valor à humanidade. São os grandes realizadores, com conhecimento e capacidades únicas e excepcionais, cujas contribuições atingiram patamares excepcionais. Na nossa galeria de famosos citados anteriormente, a mesma definição acomoda tanto nomes como Picasso, Freud, Heitor Villa-Lobos e Stephen Hawking quanto Edson Arantes do Nascimento, o Pelé, e Oscar Niemeyer, pois todos revelaram sua genialidade, transformando de forma permanente seus campos específicos (Virgolim, 2007a).

3.3.4 Os superdotados

Em contrapartida, as expressões *pessoa com altas habilidades*, *pessoa talentosa* e *superdotado* são mais apropriadas para designar aquela criança ou adolescente que demonstra sinais ou indicações de habilidade superior em alguma área do conhecimento, quando comparada a seus pares. Não há necessidade de ser uma habilidade excepcional para que esse aluno seja identificado. Essa distinção se torna importante, uma vez que a palavra *superdotado* vem carregada de conotações que nos remetem erroneamente ao super-herói, ao indivíduo com capacidades excepcionais e, portanto, às habilidades raras inexistentes no ser humano comum. É por essa razão que muitos pesquisadores preferem o uso de termos alternativos, como *talento* ou *altas habilidades*.

Figura 3.3 – Uma definição para a palavra *superdotado*

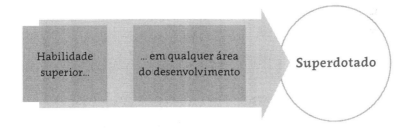

Assim, as habilidades apresentadas pelas pessoas precoces, prodígios ou gênios, e por outras com habilidades e potenciais menos aparentes, podem ser enquadradas em um termo mais amplo, que é *altas habilidades/superdotação*. A superdotação pode se revelar em qualquer área do conhecimento humano e se apresentar em pessoas com graus variados de motivação e criatividade. Os talentos podem variar também no grau em que se apresentam, desde que suficiente para destacar a pessoa em comparação a seus pares (Renzulli; Reis, 2014).

3.4 Definição brasileira

A Política Nacional de Educação Especial (Brasil, 1994, p. 11) traz a seguinte definição para as pessoas com altas habilidades/superdotação:

> Estudantes com altas habilidades/superdotação demonstram potencial elevado em qualquer uma das seguintes áreas, isoladas ou combinadas: intelectual, acadêmica, liderança, psicomotricidade e artes, além de apresentar grande criatividade, envolvimento na aprendizagem e realização de tarefas em áreas de seu interesse.

Essas áreas são assim descritas, conforme Virgolim (2007a, p. 28):

> a) **Capacidade Intelectual Geral** – Refere-se à rapidez de pensamento, compreensão e memória elevadas, capacidade de pensamento abstrato, curiosidade intelectual, poder excepcional de observação;

> b) **Aptidão Acadêmica Específica** – Diz respeito à atenção, concentração, motivação por disciplinas acadêmicas do seu interesse, capacidade de produção acadêmica, alta pontuação em testes acadêmicos e desempenho excepcional na escola;

> c) **Pensamento Criativo ou Produtivo** – Refere-se à originalidade de pensamento, imaginação, capacidade de resolver problemas de forma diferente e inovadora, capacidade de perceber um tópico de muitas formas diferentes;

d) **Capacidade de Liderança** – Relaciona-se à sensibilidade interpessoal, atitude cooperativa, capacidade de resolver situações sociais complexas, poder de persuasão e de influência no grupo, habilidade de desenvolver uma interação produtiva com os demais;

e) **Talento Especial para Artes** – Diz respeito ao alto desempenho em artes plásticas, musicais, dramáticas, literárias ou cênicas (por exemplo, facilidade para expressar ideias visualmente; sensibilidade ao ritmo musical; facilidade em usar gestos e expressão facial para comunicar sentimentos); e

f) **Capacidade Psicomotora** – Implica em desempenho superior em esportes e atividades físicas, velocidade, agilidade de movimentos, força, resistência, controle e coordenação motora fina e grossa.

Essa definição é vantajosa, uma vez que chama a atenção para importantes aspectos, como:

- não se limita a uma percepção puramente acadêmica da superdotação;
- focaliza a pluralidade de áreas do conhecimento humano em que uma pessoa possa se destacar;
- entende as altas habilidades tanto como desempenho demonstrado quanto como potencialidade em que pode demonstrar um notável desempenho;
- implica que a superdotação se modifica no decurso do desenvolvimento do indivíduo.

Uma definição mais recente trazida pelo art. 5° da Resolução n. 2, de 11 de setembro de 2001, considera os educandos com altas habilidades/superdotação "aqueles que apresentam grande facilidade de aprendizagem que os leve a dominar rapidamente conceitos, procedimentos e atitudes" (Brasil, 2001). Essa definição ressalta duas características marcantes da superdotação, que são a rapidez de aprendizagem e a facilidade com que esses indivíduos se engajam em sua área de interesse. Destaca também a atitude diante da vida, que implica interesse, motivação e vontade de dominar uma determinada área, tópico ou disciplina. Podemos facilmente perceber esses fatores nos comportamentos exibidos em sala de aula ou mesmo em situações familiares do dia a dia, o que pode facilitar aos professores a indicação de crianças com potencialidade para uma avaliação mais detalhada. Falaremos da identificação no próximo capítulo.

> "Os educandos com altas habilidades/superdotação são aqueles que apresentam grande facilidade de aprendizagem que os leve a dominar rapidamente conceitos, procedimentos e atitudes" (Brasil, 2001).

3.5 Elementos importantes na superdotação

Há alguns fatores que nos auxiliam a definir o universo de pessoas superdotadas. Vejamos:

- **Heterogeneidade**: As pessoas superdotadas diferem amplamente entre si em relação aos seus interesses, estilos de aprendizagem, níveis de motivação e de autoconceito, características de personalidade e, principalmente, por suas necessidades educacionais. Assim, a lista de características geralmente apresentada em definições da superdotação indica apenas fatores possíveis de ocorrer, a depender das características peculiares de cada um. Portanto, sejam quais forem as afirmações a respeito das pessoas com altas habilidades, sempre haverá alguma exceção, o que impede que generalizações sejam feitas. Por exemplo, um adolescente superdotado pode se mostrar tímido e sensível aos relacionamentos, outro pode ser extremamente sociável e com características de liderança; um adora ler e passar horas em uma biblioteca, outro pode preferir dominar jogos de *videogame* ou de campo; outro ainda prefere ficar horas observando a natureza e pintando paisagens. Torna-se necessária uma cuidadosa avaliação desses interesses, estilos de aprendizagem e traços de personalidade para que o aluno seja adequadamente atendido em suas necessidades educacionais e socioafetivas.

- **Multipotencialidade**: Outro aspecto marcante da superdotação, o qual indica que algumas pessoas podem se destacar em uma área, ou podem combinar várias, como vemos no caso do humorista brasileiro Jô Soares. Conhecido inicialmente pela *performance* em papéis humorísticos, logo se tornou evidente que tinha também outros atributos: toca múltiplos instrumentos musicais, fala vários idiomas, escreve livros e crônicas, tem habilidades como entrevistador e ainda demonstra liderança, carisma e capacidade de coordenar grupos. A multipotencialidade se refere a essa confluência de habilidades, que se torna ainda mais comum entre os indivíduos superdotados quando os campos são correlatos (por exemplo, apresentar talentos para as artes performáticas e para a música).

- **Influências da genética e do ambiente**: Uma das grandes discussões na área, a que nos referimos nos capítulos anteriores, é a questão da genética. No início do século, os psicólogos se perguntavam: Afinal, a inteligência é herdada ou adquirida? Como pontuamos, a literatura considera que tanto a genética quanto o ambiente seriam igualmente responsáveis pelas variações na inteligência da criança; no entanto, ambos devem ser vistos como propensões genéticas, e não como fatores predeterminados e imutáveis. Isso significa que, em termos práticos, não conhecemos os genes responsáveis pela inteligência e, portanto, não podemos prever toda a extensão em que as potencialidades de uma criança poderão ser desenvolvidas. O que sabemos é que, se dermos oportunidades adequadas para uma criança satisfazer sua curiosidade sobre o ambiente que a cerca, seu potencial genético poderá levá-la a se desenvolver de acordo com suas capacidades. Portanto, o que está em nossas mãos é o fornecimento de um ambiente enriquecido e estimulador.

O que é um ambiente enriquecido? Segundo Diamond e Hopson (2000, p. 103-105):

> Um ambiente enriquecido inclui uma fonte constante de apoio emocional positivo; fornece uma dieta nutritiva com proteínas, vitaminas, minerais e calorias suficientes; estimula todos os sentidos (mas não necessariamente todos ao mesmo tempo); tem uma atmosfera sem estresse exagerado e repleta de prazer intenso; apresenta uma série de novos desafios, nem tão difíceis, nem tão fáceis, para o estágio adequado de desenvolvimento da criança; permite uma interação

social em uma porcentagem significativa de atividades; promove o desenvolvimento de uma série de habilidades e interesses mentais, físicos, estéticos, sociais e emocionais; fornece a oportunidade de a criança escolher suas próprias atividades; dá chance à criança de ver os resultados do seu esforço e modificá-los; tem uma atmosfera agradável que promove a exploração e o prazer de aprender; e, acima de tudo, os ambientes enriquecidos permitem que a criança seja um participante ativo e não um observador passivo do seu próprio desenvolvimento.

Acreditamos que a estimulação variada, a riqueza de oportunidades em áreas diversas, o estímulo à criatividade e, fundamentalmente, amor, carinho e atenção são elementos essenciais para que nossas crianças atinjam sua plena autorrealização conforme suas potencialidades, de forma a poderem crescer como indivíduos sadios e integrados.

3.6 O modelo de enriquecimento escolar

Por que uma sociedade deveria investir recursos especiais para o desenvolvimento da superdotação em crianças e jovens? A resposta a essa pergunta levou muitos pesquisadores da atualidade a desenvolverem modelos e programas que contemplassem as necessidades dessa população no mundo moderno. Uma das teorias mais influentes na área é o **modelo de enriquecimento escolar** (Schoolwide Enrichment Model – SEM), originalmente concebido por Renzulli, renomado pesquisador da Universidade de Connecticut, nos Estados Unidos, no final da década de 1970. Em um centro dessa universidade, o Renzulli Center for Creativity, Gifted Education, and Talent Development (Centro Renzulli para Criatividade, Educação dos Superdotados e Desenvolvimento do Talento), esse pesquisador lidera uma grande equipe, ao lado da psicóloga e pesquisadora Sally Reis (também sua esposa), com quem tem publicado inúmeros trabalhos científicos. O modelo de enriquecimento escolar foi concebido por Renzulli e Reis e publicado originalmente em 1985 pela Creative Learning Press. Uma segunda edição seguiu-se em 1997; e a terceira, bastante recente, pela Prufrock Press, em 2014.

No Brasil, o modelo passou a ser formalmente adotado pelo MEC em 2005, quando o ministério implementou os NAAH/Ss. Esse programa, desenvolvido em parceria com as secretarias de educação em todos os Estados e no Distrito Federal como parte da política de educação especial no Brasil, tornou-se tema amplamente debatido em seminários, encontros, congressos e cursos para a formação continuada de professores da educação inclusiva. Esse modelo pretende uniformizar o entendimento da superdotação em nosso país com uma teoria sólida e amplamente aceita no mundo atual, embasada em práticas consolidadas, que agregam grande valor à área da superdotação.

O modelo de enriquecimento escolar, ou SEM, pressupõe três razões ou propósitos para se desenvolver uma educação para superdotados. O **primeiro propósito** é oferecer às crianças e jovens de toda a escola (e não só ao grupo identificado como superdotados) o máximo de oportunidades para a autorrealização, de forma que possam desenvolver e expressar suas áreas fortes. O **segundo propósito** é aumentar o reservatório de pessoas na sociedade que podem ajudar a solucionar os problemas da civilização contemporânea, as quais podem se tornar produtoras de conhecimento e arte em vez de meros consumidores de informação preexistente. Em outras palavras, o trabalho autorrealizador de cientistas, artistas, escritores, empreendedores e líderes em todas as camadas sociais tem o potencial de trazer contribuições valiosas para a sociedade. O **terceiro propósito** vem da junção dos dois anteriores. Se nossos programas deveriam produzir a próxima geração de líderes, solucionadores de problemas e pessoas que farão contribuições importantes em todas as áreas da produção humana, é necessário um foco na produtividade criativa, que modele programas e serviços especiais de acordo com o modus operandi dessas pessoas – ou seja, nos dias atuais, na era da expansão exponencial do conhecimento, seria mais sábio considerar um modelo que focalize como os alunos mais hábeis acessam e fazem uso da informação do que atentar-se meramente para como eles acumulam, armazenam e recuperam informação.

Assim, o SEM é composto por quatro subteorias inter-relacionadas, cada qual com um propósito conjunto de desenvolver o que os autores chamam de inteligência fora da curva normal. Vejamos a figura a seguir.

Figura 3.4 – Uma teoria de quatro partes para o desenvolvimento do talento

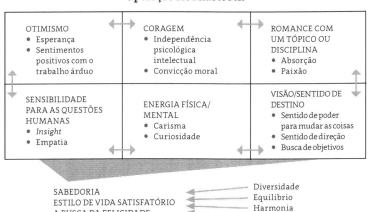

Fonte: Renzulli, 2018.

A primeira parte do modelo, denominada *concepção de superdotação dos três anéis*, trata dos aspectos teóricos e filosóficos da superdotação e tenta responder à pergunta: Quem são os superdotados? Essa teoria, juntamente com a **abordagem do pool de talentos**, mostra como identificar os alunos superdotados que devem participar do programa especial. A segunda parte se refere ao cahamado **modelo triádico de enriquecimento**, que estabelece os serviços a serem oferecidos aos alunos (tanto aos estudantes da escola como um todo quanto aos selecionados para o programa), indica três tipos de enriquecimento escolar e procura responder à indagação: Como diferenciar o currículo desses alunos? Já a terceira parte, denominada ***operação houndstooth***, corresponde à educação dos superdotados e à produção do capital social, ou seja, à identificação dos fatores co-cognitivos na superdotação associados ao desenvolvimento das habilidades humanas e a como infundi-los nos alunos para aumentar a produtividade e o capital social do país. Por fim, a quarta parte, chamada *funções executivas*, busca incorporar os fatores não cognitivos no currículo dos alunos, para fomentar aspectos como liderança, inteligência emocional e traços de personalidade condizentes com os grandes líderes de amanhã.

Em razão de sua importância para o entendimento da superdotação, veremos em seguida a teoria dos três anéis.

3.7 O que produz a habilidade superior? A teoria dos três anéis

Renzulli e Reis (2014), ao estudar a biografia de pessoas famosas, como cientistas, artistas e líderes humanitários – enfim, pessoas que, no desenrolar da história, foram reconhecidas por suas contribuições únicas, originais e criativas – concluíram que eles tinham um conjunto bem definido de traços: habilidade acima da média em alguma área do conhecimento, envolvimento com a tarefa e criatividade.

Os comportamentos de superdotação e a realização criativa/produtiva resultam, segundo os autores, desses três conjuntos de traços em interação dinâmica (ver quadro a seguir), como representado pela porção interna do Diagrama de Venn.

Figura 3.5 – Representação gráfica da superdotação segundo Renzulli e Reis (modelo dos três anéis)

Áreas gerais de desempenho

- Matemática
- Filosofia
- Religião
- Ciências da vida
- Artes visuais
- Ciências sociais
- Linguagem
- Ciências físicas
- Direito
- Música
- Artes performáticas

Comportamentos de superdotação

- Habilidade acima da média
- Motivação
- Criatividade

Áreas específicas de desempenho

- Desenho de história em quadrinhos
- Microfotografia
- Planejamento urbano
- Controle de poluição
- Poesia
- *Design* de moda
- Tecelagem
- Escrever peças de teatro
- Publicidade
- *Design* de fantasias
- Meteorologia
- Fantoches
- *Marketing*
- *Design* de jogos
- Jornalismo
- Música eletrônica
- Cuidar de crianças (babá)
- Proteção ao consumidor
- Cozinhar
- Ornitologia
- *Design* de móveis
- Navegação
- Genealogia
- Escultura
- Cuidar de plantas
- Animais selvagens
- Decoração
- Agricultura
- Pesquisa
- Estudar animais
- Crítica de filmesCaricaturas
- Astronomia
- Pesquisa de opinião pública
- *Design* de joias
- Desenho de mapas
- Coreografia
- Biografia
- Produção de filmes
- Estatística
- História local
- Eletrônica
- Composição musical
- Cenário
- Arquitetura
- Química
- Etc.

Fonte: Virgolim, 2007c.

Vemos, pela figura, que os três anéis (habilidade acima da média, envolvimento com a tarefa e criatividade) estão dispostos sobre um padrão xadrez (em inglês, *hounsdstooth pattern*), que foi usado para representar a interação entre fatores ambientais e de personalidade que favorecem o aparecimento da superdotação (representada na parte de confluência na figura). Para Renzulli (2005), o fenômeno da superdotação se dá no desenvolvimento humano e pode ser entendido por meio dos comportamentos observáveis apresentados pelo indivíduo em uma dada situação; assim, a superdotação pode ser observada quando o potencial é convertido em desempenho em uma área específica.

Renzulli (2005) observa que as pessoas que têm maior probabilidade de exibir comportamentos de superdotação são os que têm pelo menos uma habilidade bem acima da média (mas não precisa ser necessariamente muito superior) e que demonstram um alto nível de energia e envolvimento com a atividade, desenvolvendo-a de forma original e imaginativa.

A habilidade bem acima da média pode ser definida de duas formas (Virgolim, 2014a, p. 584-585):

> Habilidades Gerais são traços que podem ser aplicados em todos os domínios (como por exemplo, a inteligência geral), ou a domínios mais amplos (como por exemplo, habilidade verbal geral aplicada a várias dimensões da área da linguagem). Estas habilidades consistem na capacidade de processar informações, de integrar experiências que resultem em respostas apropriadas e adaptáveis a novas situações, e de se engajar em pensamento abstrato. Exemplos de habilidade geral seriam o raciocínio verbal e numérico, relações espaciais,

memória e raciocínio por palavras, habilidades usualmente medidas em testes de aptidão e inteligência (RENZULLI, 2005).

As **Habilidades Específicas** se referem à habilidade de adquirir conhecimento ou técnica, ou a habilidade de desempenhar uma ou mais atividades especializadas; consistem na habilidade de aplicar várias combinações das habilidades gerais a uma ou mais áreas especializadas do conhecimento ou do desempenho humano, como dança, química, liderança, matemática, composição musical, administração etc.

Assim, a expressão *habilidade acima da média* se refere a ambos os tipos de habilidades, sejam gerais, sejam específicas, e deve ser interpretada como o domínio superior do potencial em alguma área específica. Dessa forma, a denominação está relacionada a pessoas que têm a capacidade já desenvolvida ou o potencial para desenvolver habilidades em uma determinada área do desenvolvimento.

Um segundo conjunto de traços que consistentemente tem sido encontrado em pessoas criativo-produtivas diz respeito a um tipo de motivação refinada ou focalizada na tarefa em questão, a que Renzulli e Reis (1997) denominam "envolvimento com a tarefa". Enquanto a motivação é geralmente definida em termos de um processo geral de energia que desencadeia reações do organismo, envolvimento com a tarefa se refere à energia exercida em um problema particular ou área específica de desempenho. Termos como perseverança, resistência, trabalho árduo, prática dedicada, autoconfiança, crença na própria habilidade de desenvolver um trabalho importante e ação específica aplicada à área de interesse são geralmente utilizados para descrever o envolvimento com a tarefa (RENZULLI, 2005). Pesquisas têm demonstrado que a motivação intrínseca, a fascinação ou motivação para se engajar em atividades primariamente pelo seu próprio valor, é invariavelmente referida como um dos precursores do trabalho distinto e original (AMABILE, 1996; BLOOM & SOSNIAK, 1982; RENZULLI, 2005).

O terceiro conjunto de traços que caracterizam as pessoas com altas habilidades/superdotação é, geralmente, agrupado sob a denominação de "criatividade". Embora seja um termo amplo e de difícil definição, por envolver inúmeras variações, a criatividade, em geral, envolve a originalidade (ou novidade) e a efetividade (ou utilidade, aplicação). Um produto criativo deve servir para algum propósito, como resolver um problema (RUNCO, 2009). O processo criativo tem sido explicado como a convergência de três fatores: (a) Fatores de atenção: maior abertura ou receptividade, tanto em relação ao ambiente quanto ao mundo interno (pensamentos e ideias); (b) Fatores motivacionais: maior predisposição para desafiar o status quo e produzir produtos originais, e (c) Fatores de Habilidade: maiores níveis de habilidade cognitiva e capacidade de expressar idéias complexas e incomuns (CHAMORRO-PREMUZI, 2009). (Virgolim, 2014a, p. 585)

A criatividade tem sido apontada como um dos aspectos determinantes na personalidade dos indivíduos que se destacam em alguma área do saber humano. Como nem sempre a criatividade de uma pessoa pode ser totalmente acessada por testes do tipo lápis e papel, tem sido proposta a utilização de métodos alternativos em adição aos testes, como a análise dos produtos criativos e autorrelatos dos estudantes (Hocevar; Bachelor, 1989; Reis, 1981). No entanto, torna-se um desafio determinar os fatores que levariam o indivíduo a usar seus recursos intelectuais, motivacionais e criativos para gerar produtos de nível superior ou em comportamentos de superdotação (Virgolim, 2014b).

3.7.1 Considerações práticas do modelo dos três anéis

Há várias considerações práticas que podem ser feitas com relação ao modelo dos três anéis. Segundo Virgolim (2014a, p. 585-586):

(1) Os comportamentos de superdotação podem se manifestar mesmo quando os três conjuntos de traços não estão presentes ao mesmo tempo. O autor deixa claro que nenhum deles é mais importante que o outro, podendo ser utilizados separadamente para a indicação de uma criança para o programa de altas habilidades (RENZULLI & REIS, 1997; RENZULLI, REIS & SMITH, 1981); (2) Embora os comportamentos de superdotação sejam influenciados tanto por fatores de personalidade (como autoestima, autoeficácia, coragem, força do ego, energia, etc.) quanto por fatores ambientais (nível socioeconômico, personalidade e nível educacional dos pais, estimulação dos interesses infantis, fatores de sorte etc.), assim como por fatores genéticos, ainda assim podem ser modificados e influenciados positivamente por experiências educacionais bem planejadas (GUBBINS, 1982; RENZULLI, 1985; REIS & RENZULLI, 1982; RENZULLI & REIS, 1997); e (3) Criatividade

e envolvimento com a tarefa são traços variáveis, não permanentes, que podem estar presentes em maior ou menor grau, dependendo da atividade. Mesmo que uma pessoa tenha frequentemente muitas ideias criativas e demonstre bastante energia e envolvimento na maioria das situações, é natural que sua produção criadora sofra variações. Nota-se, também, que, quase sempre, um traço estimula o outro. Ao ter uma ideia criativa, a pessoa se sente encorajada e é reforçada por si mesma e pelos outros; ao colocar sua ideia em ação, seu envolvimento com a tarefa começa a emergir. Da mesma forma, um grande envolvimento para se resolver uma situação-problema pode ativar o processo de resolução criativa de problemas (RENZULLI & REIS, 1997).

Renzulli e Reis (1997) afirmam que a superdotação emerge ou desaparece em diferentes épocas e sob diferentes circunstâncias da vida de uma pessoa – o que implica uma visão bem situacional. Assim, uma criança pode mostrar seu conhecimento adquirido em um dado momento de sua vida escolar – por exemplo, lendo precocemente ou mostrando um interesse aprofundado por dinossauros, aviões ou planetas – e não demonstrar o mesmo interesse ou habilidade em momentos posteriores.

Renzulli e Reis (1997) apresentam, assim, uma definição bem diferente da superdotação:

> Desta forma, para Renzulli, a superdotação não é um conceito estático (isto é, tem ou não se tem), e sim um conceito dinâmico – ou seja, algumas pessoas podem apresentar um comportamento de superdotação, em algumas situações de

aprendizagem/desempenho, mas não em todas as situações. É, neste contexto, que Renzulli defende a ideia de que não devemos rotular o aluno como sendo ou não sendo superdotado, mas tentarmos entender que as altas habilidades aparecem em um *continuum* de habilidades. Neste sentido, são características que existem em todos os seres humanos, mas diferindo em níveis, intensidades e graus de complexidade em cada um. Esta concepção deixa bem claro que as altas habilidades/superdotação envolvem aspectos tanto cognitivos quanto de personalidade do indivíduo, nos quais os talentos emergem a medida em que as diferentes habilidades (latentes ou manifestas) de uma pessoa são reconhecidas e apresentadas, de forma criativa, em situações nas quais o indivíduo percebe-se motivado a desenvolver suas capacidades em altos níveis. (Virgolim, 2014a, p. 586)

A figura a seguir apresenta uma analogia entre as habilidades latentes, emergentes e manifestas da criança e o crescimento de uma planta. Assim como uma plantinha cresce, se desenvolve e se transforma em uma linda flor, os talentos também têm seu período de desenvolvimento. Ao ser indicada para a sala de recursos, a criança pode estar demonstrando alguns talentos mais evidentes e outros em estado latente; a criatividade, por exemplo, só vai aparecer em forma plena no adulto – na criança, aparece em forma de pensamento inovador, imaginativo e inventivo. Desse modo, torna-se meta do programa oferecer recursos para que esses e outros talentos possam se tornar manifestos (Gubbins, 2005, citado por Virgolim, 2014c).

Figura 3.6 – Estágio do desenvolvimento dos talentos

Escolas devem ser locais para o desenvolvimento dos talentos

Talentos nas crianças podem ser: latentes emergentes manifestos

Fonte: Renzulli, 2004.

Com todas essas peculiaridades, você pode observar que as altas habilidades/superdotação resultam de três fatores dinamicamente em interação (Virgolim 2014c): do grau em que uma determinada habilidade é apreendida, interiorizada e expressa; do nível de motivação que o indivíduo revela ao desempenhar tarefas em áreas específicas do seu interesse; do grau de originalidade que suas ideias podem trazer à área de interesse. Treffinger e Renzulli (1986) argumentam que é tarefa da escola: estimular em todos seus alunos o desenvolvimento e a expressão do talento criador e da inteligência, e não só naqueles que possuem um alto QI ou que tiram as melhores notas no contexto acadêmico; desenvolver comportamentos superdotados em todos aqueles que têm potencial; nutrir o potencial da criança, rotulando o serviço, e não o aluno; desenvolver uma grande variedade de alternativas ou opções para atender às necessidades de todos os estudantes.

Veja que essa visão de uma escola para todos tem um impacto direto para a sala de aula regular. Conforme estabelecido nas leis atuais, é também responsabilidade da escola regular desenvolver um currículo adequado e inclusivo, que atenda a todos os alunos, inclusive os que apresentam altas habilidades/superdotação.

Síntese

Este capítulo focalizou a inteligência de uma forma ampliada e complexa e sua expressão na pessoa com altas habilidades/superdotação. Fatores como habilidades gerais e específicas e motivação focalizada na tarefa e na criatividade, apoiados em traços de personalidade e aspectos favoráveis do ambiente para o desenvolvimento dos potenciais, foram apontados como essenciais para o surgimento de comportamentos de superdotação.

Se tomarmos como exemplo o fato de que, no Brasil, nossos programas para superdotados não se iniciaram antes da década de 1970 e que, na verdade, só foram corretamente desenvolvidos e impulsionados após a política pública de 2005, vemos como ainda é jovem essa área em nosso país e como são recentes nossos esforços direcionados ao desenvolvimento dos potenciais.

Muitos progressos foram feitos no campo. Ao conhecermos as características gerais dessa população, os fatores cognitivos e não cognitivos que compõem o construto e os níveis, as gradações e os aspectos diferenciados desse grupo, podemos entender a importância da estimulação para a concretização de potenciais. Nesse sentido, a teoria dos três anéis contribui não só para um melhor conhecimento dos fatores que produzem a superdotação, mas também para a definição das providências a serem tomadas para o desenvolvimento apropriado dessas crianças e jovens. Se entendemos a teoria que embasa nossa prática como psicólogos e pedagogos, podemos também aperfeiçoar a prática para que atenda da melhor forma às necessidades cognitivas e afetivas do grupo.

Atividades de autoavaliação

1. Por que é importante desenvolvermos talentos? Quais os aspectos que você considera mais importantes?

2. Indique as principais diferenças entre os termos *precoce*, *prodígio* e *gênio*.

3. As duas definições de superdotação discutidas neste livro mostram importantes fatores desse conceito. Aponte tais fatores e indique a contribuição que trazem ao entendimento da superdotação.

4. Como a teoria dos três anéis responde à pergunta: O que produz a habilidade superior? Descreva, em linhas gerais, o significado de cada elemento presente nessa definição, incluindo os fatores indicados pelo padrão xadrez do desenho que representa o conceito.

5. Renzulli e Reis (1997) afirmam que a superdotação emerge ou desaparece em diferentes épocas e sob diferentes circunstâncias da vida de uma pessoa. Explique essa visão situacional da superdotação.

Atividades de aprendizagem

Questões para reflexão

1. Pense em pelo menos três pessoas que obtiveram reconhecimento na história por suas conquistas e realizações. O que elas têm em comum? Você consegue indicar suas características segundo o modelo dos três anéis (habilidade acima da média, criatividade e envolvimento com a tarefa)?

2. Nos capítulos anteriores, ampliamos a noção de inteligência ao incluirmos aspectos cognitivos e não cognitivos, como motivação, criatividade, afetividade, personalidade, entre tantos outros. Reflita: Como essa ampliação é favorável ao entendimento da superdotação? Como podemos pensar em programas para esse grupo que sejam adequados e consistentes com a noção mais abrangente de inteligência? Na sua opinião, o que precisaria mudar nas escolas para termos uma identificação mais ampla e justa dos potenciais?

Atividade aplicada: prática

1. A superdotação é uma área em que imperam vários tabus, opiniões preconcebidas e ideias errôneas sobre quem são esses indivíduos, onde podem ser encontrados e identificados e como podemos nutrir o potencial. Um exemplo disso está na forma como a própria mídia trata o assunto. Nas três reportagens a seguir, vemos crianças superdotadas de culturas diferentes, mas com capacidades cognitivas do nível de adultos ou, no mínimo, de estudantes universitários. Em cada um desses casos, podemos perceber a opinião da sociedade (no caso, aquela enaltecida pela mídia) com

claras diferenças entre si. Sua tarefa é comparar as três reportagens, ressaltar como a criança superdotada é percebida por aquelas sociedades, o que cada uma ressalta (ou não) com relação às altas habilidades e como sugerem que tais habilidades sejam nutridas.

Área tabu:
- Os superdotados são vistos como aqueles que têm mais do que os outros, portanto não necessitam de mais recursos.
- Falta conhecimento aprofundado sobre o tema por parte da sociedade.

Reportagem 1 – Brasil

Faculdade aprova aluno de oito anos no vestibular; OAB pede intervenção do MEC

Um garoto de oito anos é o novo calouro na Faculdade de Direito da Unip (Universidade Paulista) de Goiânia. João Victor Portelinha de Oliveira, no 5º ano do ensino fundamental) pediu aos pais para ser inscrito no vestibular e foi aprovado.

A situação inusitada aconteceu no último concurso da faculdade e a família já decidiu. Se precisar, vai recorrer à Justiça para garantir que João Víctor faça o curso. "É um sonho dele e vamos correr atrás. Ele tem o direito de freqüentar as aulas", disse a mãe do garoto, a arquiteta Maristela Martins Portelinha.

[...]

Para Maristela, o filho não é superdotato. Segundo ela, João é uma criança responsável, estudiosa e que gosta muito de ler. [...]

[...]
A OAB (Ordem do Advogados do Brasil), seção Goiás, também se pronunciou por meio de nota.
"[...]
O referido fato, por si só, caso seja comprovado, merece que a instituição de ensino sofra imediata intervenção do MEC para que seja verificado se casos semelhantes ocorrem com freqüência e em que circunstância o episódio ocorreu.
[...]"

Fonte: Montalvão, 2008.

Reportagem 2 – México

Pais querem que menino de seis anos entre na faculdade

O mexicano Maximiliano Arellano, de apenas seis anos, pode começar a estudar Medicina em pouco tempo, por causa de seus conhecimentos na área e de sua memória fotográfica. Ele já participou de conferências sobre questões como osteoporose, diabete e anemia, uma delas na companhia de universitários que observavam perplexos como Maximiliano apresentava com perfeição o que aprendeu.

Sua mãe, Alejandra de la Noé, disse que a família acredita que o menino pode cursar as matérias próprias de sua idade com disciplinas de Medicina para que, aos 13 anos, obtenha a licenciatura. Diretores da faculdade de Medicina do Estado do México, onde "Max" apresentou recentemente uma conferência, disseram que não sabem do interesse da família para que a criança vá estudar lá.
[...]

Fonte: Pais querem..., 2006.

Reportagem 3 – China

March Tian Boedihardjo

March Tian Boedihardjo nasceu em Hong Kong e é a pessoa mais jovem a se matricular na Universidade de Hong Kong, aos nove anos de idade. Terminou seus A-levels, mantendo um em cursos de matemática avançada e um B em Estatística. Ele também ganhou oito GCSE, que ele tomou, ao mesmo tempo que seus A-levels. Ele participou de um programa de duplo diploma especialmente projetado, bacharel em Ciências Matemáticas e Master of Philosophy em Matemática, que terminou em 2011, um ano antes do que o currículo concebido. Ele está atualmente estudando para um PhD em Matemática nos Estados Unidos.

Fonte: Conheça 10 crianças..., 2015.

Capítulo 4
A identificação da superdotação e o modelo de enriquecimento de Renzulli

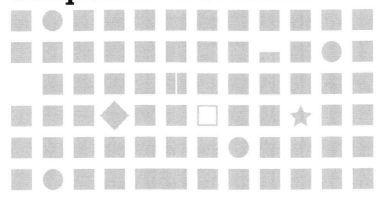

Como você já deve ter percebido, identificar as altas habilidades é o ponto mais importante de todo o trabalho que se possa fazer quanto à superdotação. Uma identificação adequada e abrangente é fundamental para que aqueles alunos com potencial possam receber uma educação voltada as suas potencialidades. Neste capítulo, vamos detalhar esse processo com base na abordagem do *pool* de talentos, conforme o modelo de enriquecimento escolar de Renzulli (SEM), a referência teórica formal adotada pelo Ministério da Educação (MEC) para as salas de recurso para altas habilidades em nosso país.

A adequada identificação de alunos com altas habilidades/superdotação é um ponto crítico para o sucesso de qualquer programa nessa área, pois levanta uma série de questionamentos que devem ser levados em consideração ao se fazer um planejamento coerente para o atendimento desse grupo. Os alunos com altas habilidades necessitam de serviços educacionais diferenciados que possam promover seu desenvolvimento acadêmico, artístico, psicomotor e social. Para atingir tais metas, são necessárias, muitas vezes, a modificação ou a diferenciação do currículo e a introdução de métodos de ensino adaptados às necessidades especiais dessa população (Reis; Burns; Renzulli, 1992; Richert, 1997).

Vários autores (Feldhusen, 1994; Richert, 1997; Renzulli; Reis, 2014, entre outros) concordam que a superdotação é o resultado da interação entre hereditariedade e ambiente, ou seja, entre o potencial inato da criança (tanto fatores cognitivos quanto não intelectivos) e aquilo que ela acumula com a experiência, os seus estilos de aprendizagem e também suas áreas fortes e interesses únicos. Nessa interação, veremos como os talentos se transformam com o desenvolvimento da criatividade, da produtividade e, finalmente, da *expertise* no adulto (aspectos que estão entre os propósitos da educação do superdotado). Nesse sentido, Feldhusen, Asher e Hoover (1984) e Richert (1987), nivelados com a posição teórica de Renzulli (1986), argumentam a favor de se colocar menos ênfase na questão de ser ou não ser superdotado, o que leva a uma desnecessária rotulação de alunos, e de se concentrar mais esforços na formulação de programas específicos para atender às necessidades dos jovens com maior potencial entre os diferentes estratos socioeconômicos e culturais.

4.1 Propósitos da identificação

A literatura mostra cinco pontos de concordância entre autores sobre a identificação dos alunos com altas habilidades, sumarizados por Hany (1993):

- A identificação de superdotados é fundamental para localizarmos aqueles alunos cujos **potenciais** não estão sendo suficientemente desenvolvidos ou desafiados pelo ensino regular; portanto, não devemos identificar apenas os que apresentam uma superdotação manifesta, mas também os que demonstram potenciais para o desenvolvimento de comportamentos de superdotação. A superdotação manifesta e latente foi discutida no capítulo anterior, como você deve se lembrar. Alunos que apresentam alto potencial em uma área que não é coberta pelo currículo (digamos, interesse acentuado por dinossauros ou buracos negros ou a culinária típica da era medieval) devem ter oportunidade de expandir seus interesses em programas especiais, de desenvolver projetos que contemplem suas necessidades e de buscar tutores, mentores ou outros recursos para desenvolver seus interesses específicos.

- A identificação de superdotados deve ser realizada por meio de **indicadores e instrumentos** de medidas que reflitam o conceito de superdotação adotado, os tipos de talentos ou habilidades a serem identificados e os conteúdos e objetivos propostos pelo programa. Isso quer dizer que, se o programa de altas habilidades está focalizado apenas no desenvolvimento de potenciais em matemática e linguagem, é indicada a utilização de testes psicométricos para selecionar os estudantes com maior potencial acadêmico. No entanto, se estivermos oferecendo um programa para o desenvolvimento das aptidões artísticas (musicais, dramáticas ou plásticas, por exemplo), o teste psicométrico pode ser dispensado em favor de escalas de comportamentos, observações no desempenho das atividades artísticas, testes específicos de aptidão focalizada na área de interesse e julgamento de juízes abalizados na área em questão.
- A identificação deve incluir tantos alunos quanto for possível, garantindo o direito desse grupo ao serviço especial. O **direito ao atendimento especializado** está estabelecido, no Brasil, na Lei de Diretrizes e Bases (LDB). Devem ser utilizados diferentes tipos de informação para se reduzir as chances de incorretamente excluir alunos que poderiam se beneficiar do programa, como os membros de grupos minoritários, alunos de baixa renda, pessoas de outras culturas, alunos com problemas de aprendizagem e as meninas. Assim, a recomendação é que o processo de identificação seja amplo e inclusivo e use várias fontes de informação.

- A admissão ao programa especial deve ser **supervisionada por um grupo de especialistas** e cada caso deve ser discutido individualmente, à luz dos dados coletados sobre cada aluno. Especialistas são aqueles que receberam capacitação específica para a área de altas habilidades; assim, um grupo treinado deve discutir os casos com base nas modernas teorias sobre superdotação e buscar respaldo para incluir todos os alunos que, por direito, devem ser identificados e trabalhados. Esses profissionais devem ter à mão dados de fontes diversificadas sobre os estudantes que mostrem seus interesses dentro e fora da escola, suas áreas de aptidão e de motivação, suas formas preferenciais de aprender e suas potencialidades.
- E, finalmente, o **processo avaliação da aprendizagem** dos alunos selecionados deve ser feito periodicamente, a fim de se verificar se os critérios para admissão ao programa foram adequados para se atingir os objetivos planejados. Para isso, o professor (ou a equipe multidisciplinar) deve planejar os objetivos a serem alcançados no curto e médio prazos com cada estudante, estabelecer os procedimentos para desenvolver o potencial do aluno na área pretendida e definir os critérios para avaliar o progresso em cada etapa.

Dessa forma, sugerimos que a identificação deve ser entendida como um processo contínuo, pois as habilidades e os interesses emergem, se desenvolvem e mudam à medida que a criança ou o jovem amadurece. Portanto, um processo avaliativo deve apontar áreas fortes, aptidões e interesses de cada um, e não focalizar nas suas fraquezas e incapacidades, dando sempre à criança ou ao jovem oportunidade de desenvolver um autoconceito positivo, uma autoestima forte e um interesse em aprimorar seus talentos.

4.2 Tipos de superdotação

Já apontamos anteriormente que os superdotados são um grupo bastante heterogêneo, com características distintas e perfil diferenciado. No entanto, a distinção entre duas categorias amplas e distintas de habilidades superiores, proposta por Renzulli (2004), torna-se útil para entender essa variabilidade: a superdotação escolar e a superdotação criativo-produtiva.

4.2.1 Superdotação do tipo escolar

A superdotação escolar é também chamada de *habilidade do teste ou da aprendizagem da lição*, pois é o tipo mais facilmente identificado pelos testes de QI para a entrada nos programas especiais. As habilidades medidas nesses testes são as mesmas exigidas nas situações de aprendizagem escolar, logo, o aluno com alto QI também tira boas notas na escola.

Como a ênfase nessas habilidades está na aprendizagem dedutiva, no treinamento estruturado para aquisição, estoque e recuperação da informação, vemos nessa criança ou nesse jovem as seguintes características (Renzulli; Res, 1997):

- tem notas boas na escola;
- apresenta boa memória;
- tem vocabulário amplo;
- gosta de fazer perguntas;
- apresenta raciocínio verbal e/ou numérico;
- necessita de pouca repetição;
- não precisa passar muito tempo ouvindo o professor;
- aprende rapidamente um novo material em idades precoces;

- pode operar simultaneamente com múltiplos canais e realizar mais de uma tarefa ao mesmo tempo;
- é um consumidor de conhecimento.

Nas escolas do tipo tradicional, nas quais o ensino é voltado para aquisição de conhecimento, memorização e reprodução do material aprendido, o aluno com perfil escolar ou acadêmico tem maiores chances de se sair bem nas tarefas propostas. Como, em geral, responde bem às regras estabelecidas pela escola e gosta de agradar aos professores, lendo, estudando e memorizando para as provas, costuma ter boas notas e gostar do ambiente acadêmico. Esse tipo de aluno é o que Renzulli denomina de *consumidor de conhecimento*, expressão que enfatiza a preferência por acumular conhecimentos por meio de leituras, prestando atenção às aulas ou memorizando os fatos que aprende.

4.2.2 Superdotação do tipo criativo-produtiva

A superdotação criativo-produtiva, por sua vez, coloca ênfase no uso e na aplicação da informação de forma indutiva, criativa e orientada para os problemas reais. Essa abordagem focaliza o aluno como um aprendiz em primeira mão, ou seja, o próprio aluno é o responsável por escolher e decidir quais os problemas com que prefere trabalhar, o que permite a ele direcionar os estudos a sua área de interesse, ao seu estilo próprio de aprendizagem e à forma que ele considera mais desafiadora ou interessante.

A criança ou o jovem que apresenta a superdotação do tipo criativo-produtiva tende a ter as seguintes características (Renzulli; Reis, 1997):

- não necessariamente tira boas notas;
- é criativa e original;
- brinca com as ideias;
- é inventiva;
- é sensível a detalhes;
- não gosta da rotina;
- encontra ordem no caos;
- pensa por analogias;
- vê humor em situações que outros não veem;
- não liga para as convenções;
- procura novas formas de fazer as coisas;
- é produtora de conhecimento.

O aluno criativo-produtivo é, muitas vezes, percebido como o bagunceiro da sala de aula. Como pensa de forma não linear, busca fazer as coisas de modo diferente dos colegas, já que fica facilmente entediado com a rotina, os deveres de casa e a repetição de conteúdo. Esse aluno mostra, às vezes, excesso de energia (ou, quem sabe, é a energia própria da idade que se manifesta pela submissão a muitas horas de reclusão e imobilidade) e, aos olhos do professor, não segue a rotina, não fica sentado em seu lugar, não se motiva com as tarefas escolares. Na verdade, o aluno criativo-produtivo gosta do diferente, da ação mais do que a reflexão, do desafio e das oportunidades de usar o humor, de fazer analogias, de fazer uso de suas emoções. Nem sempre liga para as convenções, para o que todos fazem de forma igual, e busca novas formas de colocar o seu conhecimento em prática. O aluno com esse perfil precisa de espaço, de oportunidades para manipular objetos e conceitos de forma não usual, de liberdade para agir e escolher. É o indivíduo que Renzulli denomina de *produtor do conhecimento*. De forma contrária ao tipo escolar, tem uma atitude mais inovadora, no sentido de que ele não só consome o conhecimento, mas também o modifica e modela aos seus interesses e forma de ver o mundo.

Vamos dar um exemplo para que a diferenciação entre os dois tipos de superdotação fique mais clara. Pense num estudante de arte que esteja se interessando pelo campo da pintura. Se o perfil for do tipo escolar, o aluno vai buscar todo o conhecimento possível com relação à pintura; vai procurar conhecer os diversos movimentos artísticos, seus principais representantes, o tipo de técnica que utilizavam etc.; ou seja, provavelmente vai tentar reproduzir com perfeição as obras dos grandes autores. Mas, se o aluno tem perfil criativo-produtivo, ele vai querer deixar sua marca nos seus trabalhos; vai recriar a visão de um pintor; vai criar sua própria técnica e contribuir com sua visão particular ao que estiver pintando.

> A superdotação criativa-produtiva pode se dar em qualquer área do conhecimento: nas ciências, nas artes, na tecnologia, na literatura etc. Implica uma **atitude** perante o mundo e ao conhecimento, com uma postura de **produtor de conhecimento** mais do que simplesmente a de um consumidor do conhecimento.

Com relação às duas categorias de superdotação, a escolar e a criativo-produtiva, Renzulli (2014) estabelece que:
- ambas são importantes;
- há uma interação entre elas;
- programas especializados devem prover situações que encorajem os dois tipos de superdotação, além de inúmeras ocasiões para que os dois tipos interajam entre si.

Renzulli advoga por uma escola em que o foco não se dê na forma dedutiva de pensar (que use apenas o pensamento racional, lógico, dedutivo), mas que privilegie igualmente o ensino indutivo, que faça uso da imaginação, da intuição, da criatividade e da solução prática de problemas. Assim, o desenvolvimento da superdotação criativo-produtiva só é possível se o aluno se coloca como protagonista de sua própria aprendizagem; quando tem licença para aplicar suas habilidades, seu talento e seu interesse em áreas de relevância pessoal e que envolvam o nível adequado de desafio para expandir suas habilidades.

Em um trabalho recente, Renzulli (2018, p. 31) reflete sobre o uso do método dedutivo e indutivo na aprendizagem do mundo de hoje:

> Resumindo, o Modelo Dedutivo tem dominado as formas pelas quais a maior parte da educação formal é exercida, e ainda assim a trajetória do modelo não tem sido tão surpreendente. Basta refletirmos por um momento sobre nossa própria experiência escolar para prontamente percebermos que, com a exceção das habilidades básicas ligadas à linguagem e à matemática, muito do material compartimentalizado aprendido para alguma situação futura remota e ambígua raramente é usado nas nossas atividades diárias. Os nomes de generais famosos, as fórmulas geométricas, a tabela periódica e as partes de uma planta aprendidas fora de uma situação aplicável do mundo real são em geral esquecidos rapidamente. Isto não quer dizer que a informação previamente aprendida não seja importante, mas sua relevância, sua significância e durabilidade para uso futuro é minimizado quando aprendido separadamente de situações que têm um sentido personalizado para o aprendiz.

O modelo indutivo de aprendizagem é aquele que melhor se encaixa ao estilo de aprender dos alunos superdotados; ele dá espaço para o aluno aprender fazendo e, nesse processo, entender todo o alcance e complexidade do assunto que está sendo ensinado.

4.3 Composição do *pool* de talentos

Uma vez definidos os objetivos do programa, uma atenção cuidadosa deve ser dada ao processo de seleção e identificação dos alunos que vão compor o *pool* de talentos (Renzulli; Reis, 2014), ou seja, o grupo de alunos que poderá participar do programa proposto. O intuito primordial desse processo é encontrar os candidatos que se qualificam para o programa específico a ser implementado, com o cuidado de relacionar adequadamente os objetivos do programa e os instrumentos de identificação com os tipos de habilidades que serão atendidas, conforme discutimos anteriormente. Com tal procedimento, evitamos o problema, citado por Feldhusen (1992), de oferecer um currículo igual para todos os estudantes, independentemente das habilidades específicas e dos talentos de cada um. Voltamos a relembrar que os superdotados não são um grupo homogêneo e, portanto, requerem uma educação diferenciada. Um programa inadequado pode suscitar sentimentos de inadequação e frustração no aluno, o que pode ter reflexos negativos e indesejáveis no seu desenvolvimento.

De qualquer forma, muitos programas encontram dificuldades em acomodar todas as crianças identificadas, por razões econômicas, pelo espaço físico ou pelo tipo de atividades oferecidas. Por exemplo, um programa especializado na área de matemática e de linguagem pode não ter condições de oferecer atividades também em artes visuais, artes cênicas, música, esportes, criatividade ou liderança. Portanto, só vão se beneficiar do programa crianças com aptidões nas áreas acadêmicas.

Torna-se importante, no entanto, que a escola se esforce em prover a todas as crianças um currículo adequado as suas necessidades cognitivas, afetivas e sociais também na sala de aula regular. Várias das atividades de um programa especializado poderiam também ser oferecidas na escola regular para todos os alunos. Apenas à medida que o aluno precise de um aprofundamento maior e diversificado, o qual a escola regular não tem condições de oferecer, é que seria indicado seu encaminhamento a uma sala de recursos, na qual, assim se espera, recursos apropriados aos seus interesses específicos e suas áreas fortes sejam oferecidos, de forma a diferenciar o currículo para suas necessidades peculiares. Essa é a filosofia do SEM.

Neihart et al. (2002) recomendam que o currículo oferecido a esses alunos deva ser modificado e diferenciado ainda na escola regular, para promover e estimular a excelência no estudo, e que lhes seja oferecido um ambiente flexível, que permita a escolha dos tópicos de seu interesse e o uso de diferentes estilos de aprender, no seu próprio ritmo de aprendizagem.

4.3.1 Passos para a identificação dos estudantes

O primeiro passo que antecede a implementação de um programa especializado é identificar o grupo de estudantes que fará parte do *pool* de talentos. Essa abordagem é sugerida por

Renzulli e Reis (2014) na implementação do SEM. Seis passos principais são sugeridos para esse objetivo:

Passo 1: Indicação por testes

Alguns programas solicitam que a criança faça primeiro um teste de QI para ser admitida ao programa. Embora não seja necessário em todos os casos (já que nem todos os tipos de superdotação são abrangidos pelo teste psicométrico), o teste é bastante útil para indicar aqueles que se destacam por suas altas habilidades acadêmicas. Sem dúvida alguma, as crianças e os jovens com potencial superior indicados no teste de QI devem ter garantidos sua admissão em um atendimento especial voltado as suas necessidades específicas. Além disso, a admissão para o *pool* de talentos deve ser garantida a qualquer aluno que obtiver um resultado acima da média em testes parciais (por exemplo, um aluno que tenha obtido um alto resultado apenas na parte verbal de um teste, ou na parte de execução, mas não necessariamente na parte numérica) e em notas escolares, o que se torna especialmente importante quando lidamos com alunos de diferentes classes sociais ou culturais, ou com crianças pré-escolares.

Os testes são também importantes para a identificação daqueles alunos que possuem um QI acima da média, mas passam despercebidos devido ao baixo rendimento escolar. Esse aluno torna-se muitas vezes desmotivado com o ensino, com o currículo, com professores pouco criativos ou com as poucas oportunidades de escolha que existem em escolas que seguem um ensino mais tradicional. Alencar e Virgolim (2001) pontuam que, de forma geral, a escola tradicional não lida de forma adequada com as necessidades emocionais e sociais dos alunos com habilidades intelectuais superiores. Isso ajuda a explicar o fato de muitos se sentirem apáticos, frustrados com a falta de estímulo e de desafio do currículo e com a monotonia das aulas, que não apresentam um grau de dificuldade compatível com suas potencialidades. Em um tipo de ensino que prioriza a repetição e a memorização, os estudantes sentem-se frustrados pela imposição dos deveres de casa e do conteúdo afastado da realidade. Por isso, é preciso considerar outras formas de indicação que possam também envolver uma parcela maior dos alunos da escola.

Passo 2: Indicação por professores
A indicação de alunos por seus professores tem um papel muito importante na formação do *pool* de talentos. Essa é a forma atualmente mais utilizada por programas ao redor do globo. Os professores se encontram em uma posição-chave para indicar aqueles alunos que demonstram características que não aparecem nos testes de QI – por exemplo, criatividade, liderança, aptidão para esportes, artes plásticas ou artes visuais. Como o processo de formação do *pool* de talentos é dinâmico e pode ocorrer a qualquer momento do ano escolar, há a possibilidade de o aluno ser indicado pela motivação ou pelo interesse focalizado em uma área em particular. Geralmente, o aluno demonstra interesse por meio de uma série de comportamentos, como:
- faz grande número de perguntas;
- discute um determinado tópico em profundidade;
- dedica grande parte do tempo livre ao estudo desse tópico;
- desenvolve atividades relacionadas a esse interesse por vontade própria;

- escolhe atividades extracurriculares relacionadas a esse tópico e se dedica mais a elas do que às atividades escolares regulares, às vezes obsessivamente;
- busca satisfazer sua grande curiosidade e seu interesse com pessoas com conhecimento na área;
- explora e cria dentro de um determinado tópico (Davis, 1997; Renzulli; Reis, 1986).

Assim, o professor atento aos interesses dos alunos pode detectar mais prontamente o maior envolvimento do estudante com uma determinada tarefa, o que, de acordo com o modelo dos três anéis, pode ser o aspecto que vai levá-lo a desenvolver os outros dois componentes do modelo, ou seja, a criatividade produtiva e a habilidade específica na área de interesse. Veja que, como já mencionamos, a entrada do aluno no programa especializado não precisa ser, necessariamente, por uma habilidade superior manifesta. Muitas vezes, são o interesse, a motivação, o comprometimento com a tarefa que levam o aluno a se interessar mais por um tópico e a querer desenvolvê-lo. Assim, essa motivação altamente direcionada pode ter o poder de se transformar em habilidade específica, dadas as oportunidades concretas de realização.

Para ajudar na tarefa de nomear alunos para o *pool* de talentos, o professor pode lançar mão da *Escala para avaliação das características comportamentais dos alunos com habilidades superiores – revisada* (*The scales for rating the behavioral characteristics of superior students* – SCRBSS-R) (Renzulli; Hartman; Callahan, 1971, citados por Virgolim, 2005). Essa escala revisada foi desenvolvida com o propósito de ser mais uma fonte sistemática de informação sobre o aluno e para ajudar o professor em sala de aula a avaliar suas características nas áreas de aprendizagem, criatividade, motivação e liderança. Com um instrumento desse em mãos, o professor pode indicar o aluno para o *pool* de talentos e, além disso, fornecer importantes informações sobre suas áreas fortes ou de destaque, as quais podem ser fundamentais para o desenvolvimento de atividades mais adequadas ao potencial do estudante.

No Brasil, temos os instrumentos desenvolvidos por Susana Pérez e Soraia Freitas para a identificação das altas habilidades desde a educação infantil até o ensino superior, os quais incluem questionários para professores e para adultos embasados nas teorias de Gardner e Renzulli (Pérez; Freitas, 2016). Temos também a lista base de indicadores de superdotação desenvolvida por Cristina Delou (2014).

Passo 3: Caminhos alternativos
Outra forma de se identificar alunos para o *pool* de talentos é incluir a indicação feita pelos pais, pelos colegas ou, no caso dos mais velhos, pelo próprio aluno. Nessas situações, pais ou alunos podem preencher o formulário de indicação mais adequado e encaminhá-lo à equipe responsável pela identificação, que se encarregará de fazer entrevistas com o aluno, com os pais e os professores e de administrar os instrumentos que julgarem necessários para documentar as habilidades ou os interesses do estudante.

Essa etapa, denominada *caminhos alternativos*, pretende ampliar o olhar sobre possíveis fontes de informação a respeito do aluno, como resultados em testes de criatividade, de personalidade e de motivação, além de fornecer mais dados sobre o perfil do estudante. Também permite guiar a aplicação de planos instrucionais mais adequados às características e necessidades individuais.

Passo 4: Indicações especiais
A Indicação especial é uma oportunidade para qualquer professor nomear um ex-aluno que tenha desenvolvido um bom trabalho ou que tenha se destacado em anos anteriores, mas que, por algum outro motivo, não tenha sido indicado pelos professores atuais. Dessa forma, a indicação especial pode ajudar a recuperar aqueles alunos que, por problemas emocionais, pessoais ou familiares, estejam desenvolvendo um padrão de rendimento escolar inferior ou estejam atualmente menos motivados para tirar boas notas na escola.

Essa forma de indicação é interessante, pois, às vezes, um professor consegue obter do aluno, em algum momento de sua vida escolar, um alto desempenho em tarefas específicas. No entanto, se tais oportunidades não se repetirem em anos posteriores, ou se o aluno não desenvolver uma empatia com o professor da série atual, ele pode vir a não ter outra chance de demonstrar suas habilidades ou seus interesses mais específicos, perdendo uma valiosa oportunidade de trabalhar com mais profundidade suas áreas fortes.

Passo 5: Notificação e orientação aos pais
Ao final da formação do *pool* de talentos, os pais são notificados e convidados a comparecerem à primeira reunião, na qual o modelo dos três anéis é apresentado e discutido. Os pais são informados das sessões de orientação (para pais e alunos) e da possibilidade de marcarem reuniões individuais por solicitação deles ou dos professores. Os alunos não são, dessa maneira, rotulados como *superdotados*, mas aprendem que o desenvolvimento de comportamentos criativo-produtivos e de superdotação é, ao mesmo tempo, meta do programa e

responsabilidade de cada um. Assim, na orientação aos pais, não se afirma que a criança é (ou não é) superdotada; o foco fica apenas na questão de o programa ser ou não benéfico para a criança naquele momento.

Por exemplo, pode ocorrer de os comportamentos que representam os três anéis estarem todos baixos ou não aparentes; portanto, recomenda-se que a equipe que fez a identificação pontue isso para os pais, focalizando a necessidade de se ter pelo menos um aspecto em evidência (ou a habilidade específica em uma área, ou a motivação, ou uma criatividade expressiva) para que o programa possa ser benéfico e não causar frustração. Além disso, é preciso enfatizar que a criança pode ter o potencial para vir a apresentar comportamentos de superdotação no futuro, mas, naquele momento, os aspectos não estão aparentes. Se a criança não estiver motivada a frequentar o programa (ou a sala de recursos), ela pode ver o serviço como mais uma obrigação imposta pelos pais e não tirar real proveito dele.

Passo 6: Nomeações por meio da informação da ação
Apesar de todos os esforços, alguns alunos que teriam o potencial para se beneficiar de serviços educacionais especiais acabam sendo deixados de lado, por uma razão ou outra. Assim, uma tentativa final ainda pode ser feita para que os alunos mais motivados e que descobrem o fascínio de um determinado tópico ou área de conhecimento possam também se integrar ao *pool* de talentos.

Figura 4.1 – Mensagem de informação da ação

MENSAGEM DE INFORMAÇÃO DA AÇÃO

Área geral do currículo: _____

No espaço abaixo, forneça uma breve descrição do incidente/situação na qual você observou altos níveis de interesse, envolvimento com a tarefa ou criatividade da parte do aluno. Indique quaisquer ideias que você possa ter para atividades de acompanhamento em níveis avançados, sugestão de recursos ou formas de focalizar o interesse do aluno em uma experiência investigativa de primeira mão.

Data recebida:

Data da entrevista com o aluno:

Data de quando os serviços foram implementados:

Para:
De:
Data:
☐ Por favor, entre em contato comigo.
☐ Eu entrarei em contato com você para marcar uma reunião.

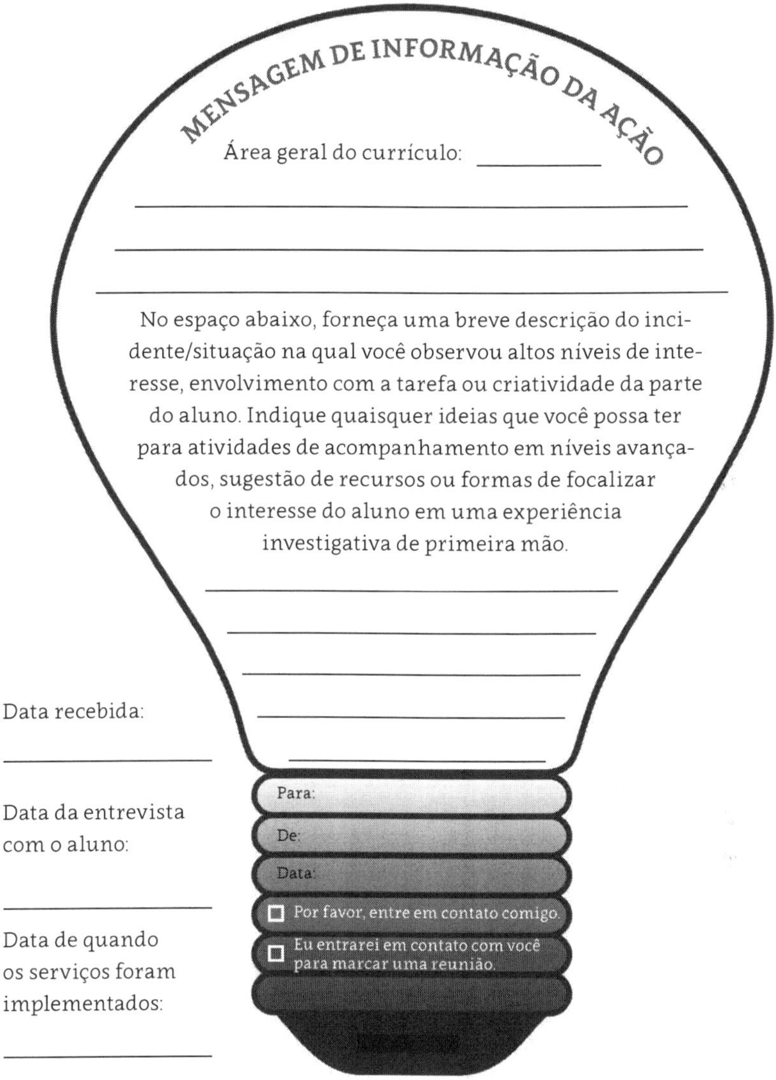

Fonte: Renzulli e Reis, 1997a, p. 72.

Um instrumento útil nesse processo é a mensagem de informação da ação (*action information message*) (Renzulli; Reis, 1997), apresentada na figura anterior, que consiste na documentação de eventos ou episódios que ocorreram na sala de aula e que demonstraram o interesse incomum do aluno por um determinado tópico. O professor documenta o evento ocorrido e o comportamento do aluno e pode até mesmo sugerir atividades posteriores para o desenvolvimento de outras tarefas relacionadas, de forma que o estudante continue estimulado e motivado.

4.3.2 Serviços oferecidos aos alunos identificados

Vários serviços são fornecidos pelo SEM aos alunos identificados para o *pool* de talentos, entre eles a compactação do currículo, o agrupamento, a aceleração e o enriquecimento.

4.3.2.1 Compactação do currículo

Na compactação do currículo, são selecionados os aspectos mais importantes e relevantes do currículo para o aluno, uma vez que muitos deles possuem habilidades intelectuais bastante superiores e podem ser capazes de dominar o conteúdo de forma mais rápida. Esse procedimento permite a esses alunos prosseguirem de forma mais rápida com o conteúdo que já foi dominado, eliminando a rotina de passar por exercícios repetitivos desnecessariamente. Starko (1986) argumenta que a compactação do currículo permite que o tempo do aluno seja melhor aproveitado para desenvolver outras atividades de enriquecimento, abrindo espaço para uma aprendizagem mais desafiadora e de acordo com a potencialidade do aluno.

Dois procedimentos são essenciais para a compactação do currículo (Virgolim, 2007a, p. 62-63): um cuidadoso diagnóstico da situação e o completo conhecimento do conteúdo e dos objetivos da unidade de instrução.

Inicialmente, o professor (ou a equipe pedagógica) deve identificar a área do currículo que o aluno já dominou e determinar suas aptidões e áreas fortes. O professor pode ficar atento ao sinal de que o aluno pode ser acelerado quando ele termina rapidamente uma tarefa com pouco ou com nenhum erro e/ou quando demonstra insatisfação, tédio ou desânimo com o ensino, desperdiçando o seu tempo para sonhar acordado, fazer bagunça e atrapalhar a disciplina da sala de aula.

Em seguida, o professor deve aplicar atividades especialmente preparadas para a observação das áreas nas quais o aluno tem facilidade; por exemplo, pequenos testes para assegurar se o aluno tem completo domínio do tema ou conteúdo e se tem condições de cumprir os objetivos daquela unidade. Uma vez documentada a área que o aluno já domina, o professor deve indicar as atividades que podem ser eliminadas ou aceleradas para se adaptar o currículo ao ritmo próprio do aluno.

Finalmente, o professor deve programar atividades desafiadoras e de enriquecimento que o aluno pode explorar na própria sala de ensino regular. Por exemplo, se várias unidades curriculares de matemática foram compactadas, o professor deve decidir se o aluno pode ser acelerado para outra série ou se poderá ser beneficiado por um aprofundamento do conteúdo na matéria, ou mesmo se deve dedicar o tempo extra a outra disciplina ou tópico de interesse.

> O professor pode também se beneficiar da avaliação realizada por um psicólogo escolar. Nesse caso, a equipe deve levar em consideração aspectos mais amplos, como a filosofia do programa, os recursos disponíveis naquela instituição e ainda se a escola coloca alguma restrição à aceleração. O aluno deve ser sempre consultado, e sua maturidade e disposição para assumir tarefas específicas de outra série devem subsidiar tais decisões.

É importante notar que os alunos devem participar destas decisões e entender que, ao dar o melhor de si em uma disciplina, poderá [sic] ter mais tempo para trabalhar em outro tópico do seu interesse. Neste sentido, alunos que tradicionalmente demonstram desinteresse com o ensino, tiram notas baixas ou deixam de assistir as aulas, passam a ter maior interesse em dominar o conteúdo e a demonstrar o que sabem. (Virgolim, 2007a, p. 63)

4.3.2.2 Agrupamento

Os sistemas de agrupamento dos alunos podem se dar em centros específicos, escolas ou classes especiais, ou ainda em pequenos grupos diferenciados na sala de aula regular (Sabatella; Cupertino, 2007). A estratégia de agrupamento gera maior possibilidade de aprofundamento dos temas de acordo com o que é interessante e apropriado para cada indivíduo, além colaboração com o conjunto de seus pares. No entanto, é necessário que os professores estejam atentos para dar oportunidade aos alunos para uma convivência escolar com outras pessoas de diferentes habilidades, que reconheçam as amplas diferenças individuais do grupo e que deem sempre alguma instrução individualizada.

4.3.2.3 Aceleração

A aceleração, que no Brasil está prevista na LDB, permite cumprir o programa escolar em menor tempo, o que pode se dar por admissão precoce na escola ou por permitir que o aluno realize seus estudos em tempo inferior ao previsto. O aluno que já domina os conteúdos da série em que se encontra pode também ir para uma série mais adiantada.

Para se indicar a aceleração, no entanto, o profissional deve avaliar, no estudante, aspectos como conhecimento acadêmico, capacidade intelectual, desenvolvimento físico e emocional e maturidade. Também devem ser analisadas as condições da escola e a receptividade do professor com relação ao processo. Recomenda-se que a aceleração seja feita por uma equipe multidisciplinar, na qual pedagogos e psicólogos avaliem a criança e levem em consideração seus interesses e desejos, assim como os dos pais.

4.3.2.4 Enriquecimento

O enriquecimento pressupõe o fornecimento de uma variedade de experiências de aprendizagem enriquecedoras que estimulem o potencial dos alunos, as quais normalmente não são apresentadas no currículo regular. Freeman e Guenther (2000) pontuam que as atividades de enriquecimento contribuem para um ensino mais flexível, adequado às exigências do currículo e às necessidades individualizadas do aluno. As diretrizes do MEC (Brasil, 1995, p. 32) sugerem que o enriquecimento pode ser realizado na própria sala de aula, com conteúdos paralelos ao currículo comum ou com atividades diferenciadas em grupos; em salas de recurso, no contraturno do ensino regular; e ainda com auxílio de um professor itinerante ou monitor.

A essência da abordagem do *pool* de talentos é sua completa flexibilidade, que permite ao aluno:

ingressar no programa a qualquer momento do ano escolar;
- envolver-se tanto em níveis mais avançados de tarefas de enriquecimento quanto em tarefas de níveis mais básicos, segundo a sua necessidade;
- entrar e sair do programa de acordo com o nível de motivação para as tarefas específicas que o programa exige.

Essa flexibilidade favorece a inclusão do aluno no ambiente escolar, pois permite que ele participe do programa quando demonstrar os três anéis, ou seja, alta habilidade em uma ou várias áreas, criatividade e envolvimento com a tarefa.

4.4 A identificação de grupos especiais

Lembramos novamente que, conforme a literatura da área das altas habilidades/superdotação, a identificação deve iniciar de forma que inclua tantos alunos quanto for possível, garantindo o direito daqueles que se qualificam para o serviço especial. O serviço especializado não deve ser visto como elitista, prestado a apenas a alguns poucos, mas deve ser inclusivo, favorecendo e dando oportunidades a todos de igual forma. Assim, a preocupação externada por diversos programas, com distintos aportes teóricos, é que diferentes tipos de informação devem ser obtidos para se reduzir as chances de incorretamente excluir alunos que poderiam se beneficiar do programa.

Portanto, uma atenção especial deve ser dada: aos membros de grupos minoritários; aos alunos de baixa renda; aos alunos provenientes de outras culturas; aos indivíduos com problemas de aprendizagem; e às meninas. Além destes, devemos incluir aqueles que são tímidos, diferentes em termos da língua, que têm deficiências ou incapacidades (a que chamamos de *dupla condição*), que são precoces, que estão em salas de aula que não encorajam suas habilidades ou que escolhem não demonstrar essas habilidades (Bernal, 2009; Callahan, 2009; Gallagher; Gallagher, 1994; Johnsen, 2009; Renzulli, 2009a; Renzulli; Reis, 1997). Vamos comentar algumas dessas necessidades especiais.

Figura 4.2 – Paradoxo: a dupla condição

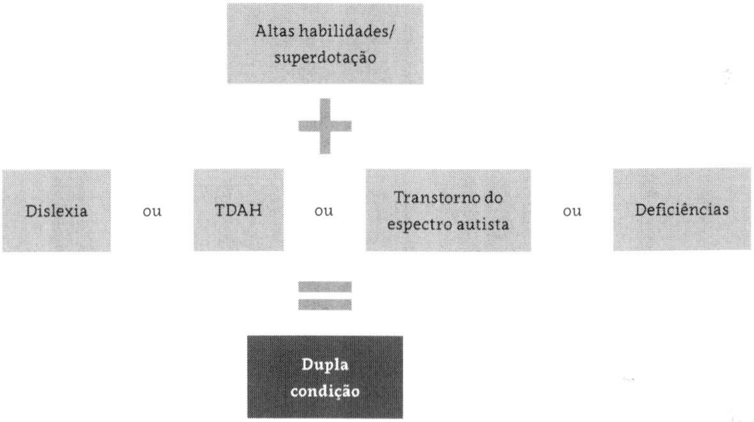

Altas habilidades/superdotação

+

Dislexia   ou   TDAH   ou   Transtorno do espectro autista   ou   Deficiências

=

Dupla condição

4.4.1 O superdotado com distúrbios de aprendizagem

A preocupação com as necessidades educacionais de grupos minoritários ganhou adeptos nas últimas duas décadas com o movimento educacional de inclusão para todos. Embora não seja um fenômeno contemporâneo, exemplos históricos de pessoas com deficiências, incapacidades ou desordens que deram contribuições significativas à sociedade surgem como exemplos paradoxais na área das altas habilidades/superdotação (o que é denominado *dupla condição*).

Logo, o superdotado com distúrbio de aprendizagem exibe uma dupla condição (Alencar; Virgolim, 2001): ao mesmo tempo em que se destaca por apresentar talentos e habilidades em algumas áreas (por exemplo, na dança, na fotografia, na capacidade de montar jogos e resolver problemas criativos), demonstra fraquezas e deficiências em outras (como na escrita e em atividades que exigem rapidez de raciocínio). Apesar de brilhantes e inteligentes em uma ou mais áreas, apresenta grandes dificuldades em outras áreas, o suficiente para que o professor – ou mesmo os pais – não tome conhecimento do seu grande potencial (Davis; Rimm, 1994; Galbraith; Delisle, 1996; Lupart; Toy, 2009; Olenchak; Reis, 2002). Silverman (2013) sugere que é a alta motivação e a realização na área de interesse que se tornam os maiores indicadores de altas habilidades nesse grupo.

A Figura 3.1, apresentada no Capítulo 3, faz alusão a essas dificuldades. Albert Einstein e Auguste Rodin, por exemplo, tinham dificuldades de aprendizagem da leitura e da escrita (Lupart; Toy, 2009). Isaac Newton tirava notas baixas. John Kennedy tinha baixo rendimento escolar e dificuldades para soletrar (Galbraith; Delisle, 1996). No estudo original de Goertzel e Goertzel (2004) com 400 adultos eminentes, ficou evidenciado que muitos deles não foram percebidos pelos seus professores como promissores. Os autores apontam que Albert Einstein, Thomas Edison, Sergei Rachmaninoff, Marcel

Proust, Winston Churchill, entre outros, tiveram professores que os rotularam de *lerdos* e *desinteressados*, provavelmente por terem focalizado em suas áreas fracas e menos evidentes. Muitos deles tiveram algum tipo de deficiência na infância (cegueira; surdez; deficiência física; sobrepeso; tamanho inferior à média; doença; problema de fala), e talvez tenha sido a necessidade de compensar tais dificuldades que os levaram a se sobressair em seus campos de *expertise*.

Schneider (2000), por sua vez, comenta que William Shockley (1910-1989), inventor do transistor, e o físico Luis Alvarez (1911-1988), ambos agraciados com o Prêmio Nobel, não puderam na infância compor a turma do famoso estudo de Terman (já citado anteriormente) por não terem o escore de QI necessário para serem considerados superdotados naquela época.

A despeito do notório reconhecimento desses e de outros indivíduos que se tornaram eminentes, é provável que muitas crianças com deficiências ou incapacidades não chegam a desenvolver suas áreas de habilidade em potencial por falta de reconhecimento, apoio e instrução adequada (Lupart; Toy, 2009). Além disso, sofrem com o mito recorrente nas escolas de que deficiência de aprendizagem é sinônimo de habilidade abaixo da média (Olenchak; Reis, 2002).

Sem o devido acompanhamento escolar, essa dicotomia entre habilidades manifestas em algumas áreas e dificuldades em outras pode levar a severos problemas de comportamento, depressão e falta de esforço nas atividades escolares, conforme notado por Baum (1984, 1988). Os próprios indivíduos se sentem confusos na percepção de sua identidade superdotada, que entra em conflito com a percepção de seus problemas de aprendizagem, o que pode levá-los a desenvolver sentimentos de frustração, desemparo, perda de autoconfiança e diminuição do autoconceito (Baum; Owen, 1988). Vários autores (Baum; Owen; Dixon, 1991; Gunderson; Maesch; Rees, 1987; Yewchuk; Lupart, 1993) pontuam algumas dificuldades emocionais e comportamentais que esse grupo pode apresentar nessas condições:

- agressividade;
- tendência a se engajar em bagunça;
- pouco esforço ou mesmo recusa em fazer as tarefas escolares;
- sentimento de fracasso por não atingir a perfeição imposta por eles mesmos;
- sentimentos de desconforto, embaraço, vergonha, frustração e raiva;
- dificuldades interpessoais com pares, professores e família.

4.4.2 O superdotado com transtorno do déficit de atenção/hiperatividade

No grupo de dupla condição, encontram-se também os superdotados com transtorno do déficit de atenção/hiperatividade (TDA/H). Muitos autores no campo da superdotação têm observado que esse grupo tem sido frequentemente mal identificado ou diagnosticado erroneamente como tendo TDA/H, quando, na verdade, a fonte do problema pode residir em questões relacionadas a um ambiente escolar pouco estimulante, que pode levar a problemas de comportamento (Lovecky, 2005; Moon, 2002; Webb et al., 2005).

Ourofino (2007) pontua que algumas das características de alunos superdotados são erroneamente vistas como sintomas de TDA/H, mas, na verdade, são o reflexo da intensidade e da supersensibilidade com que eles percebem e atuam no mundo. Por isso mesmo, tais aspectos precisam ser precocemente identificados para que o aluno receba intervenção individualizada, com o objetivo de desenvolver ao máximo seu potencial. Moon (2002) alerta para o fato de que a identificação incorreta pode ter consequências negativas para o desenvolvimento socioemocional da criança com altas habilidades/superdotação, que não teria suas reais necessidades educacionais supridas e ainda incorreria no perigo de receber um tratamento inadequado, como uma desnecessária medicação.

No entanto, muitas crianças são corretamente identificadas e apresentam altas habilidades e TDA/H combinados. Elas podem se concentrar muito bem em assuntos que sejam interessantes, ou em material novo que é apresentado em um ritmo rápido ou que seja altamente recompensador. Contudo, não conseguem focalizar bem um material menos estimulante, mesmo quando é vantajoso para elas. "Esta é a natureza do TDA/H: dificuldade em sustentar o foco no material necessário para aprender uma técnica ou produzir um produto específico que seja menos estimulante ou menos interessante" (Lovecky, 2005, p. 66, tradução nossa).

Webb et al. (2005) notam que crianças pré-escolares e em séries iniciais podem demonstrar falta de atenção em algumas atividades ou em até boa parte do tempo; porém, por sua alta capacidade cognitiva, e ainda por terem facilidade em prestar atenção em várias atividades ao mesmo tempo, acabam por demonstrar ótimo desempenho nos testes e nas tarefas escolares em comparação a seus pares. Na dupla condição, podemos observar a tendência da criança em mascarar suas dificuldades, principalmente quando fracassa em sua tentativa de esconder sua desorganização, o sonho acordado, a fala incessante, a inabilidade de ficar quieta e a imaturidade social, traços característicos desse transtorno (Moon, 2002).

Para que a criança com dupla condição (superdotação e TDA/H) possa desenvolver adequadamente suas habilidades superiores, é necessário que pais e professores forneçam um ambiente bem planejado, que crie situações nas quais as pessoas com deficiências ou dificuldades possam mostrar suas habilidades e talentos. Lupart e Toy (2009) recomendam que se utilize, na área escolar, uma abordagem multidimensional na identificação desses alunos, a qual combine testes formais de inteligência e de aptidão com escalas de indicação de professores ou pais e a observação direta do aluno em seu ambiente de aprendizagem, a fim de que esse grupo possa ser percebido de forma holística em suas potencialidades, acentuando suas competências e áreas fortes.

4.4.3 O superdotado com síndrome de Asperger

Nessa mesma linha de pensamento, crianças brilhantes com síndrome de Asperger podem se beneficiar de uma educação especial quando bem direcionadas por mentores, como advoga Grandin (Grandin; Panek, 2013). Grandin passou a ser mais conhecida depois que sua história foi contada no filme com seu nome (*Temple Grandin*, 2010, dirigido por Mick Jackson). Aos três anos, Grandin apresentava todos os sintomas de autismo, como ausência de fala e de contato pelo olhar, ataques de birra, agressividade e brincadeira solitária. Contudo, ela se formou em Psicologia e fez mestrado e doutorado em Zoologia pela

Universidade de Illinois. Hoje, na Universidade Estadual do Colorado, ministra cursos a respeito do comportamento de rebanhos e projetos de instalação, além de prestar consultoria para a indústria pecuária em manejo, instalações e cuidado de animais. Ela comenta sobre a grande ênfase que as escolas colocam nas deficiências e a falta de ênfase nas áreas fortes, como nos padrões de pensamento viso-espacial ou auditivo que essas pessoas podem apresentar; a especialista ainda recomenda fortemente a definição de estratégias a serem utilizadas com ajuda de mentores para o desenvolvimento do grupo (Grandin; Panek, 2013).

Lovecky (2005) nos chama a atenção para o fato de que normalmente as crianças com síndrome de Asperger têm dificuldade em fazer amizades, por serem frequentes as dificuldades de comunicação e a falta de habilidades sociais. Elas estão concentradas em si mesmas, no seu mundo próprio, com suas ideias, fascinações e atividades rotineiras. No entanto, precisam de oportunidades e encorajamento para desenvolverem de forma satisfatória suas potencialidades e talentos.

4.4.4 As meninas superdotadas

As meninas são outro grupo negligenciado na identificação dos superdotados. Tanto no Brasil quanto na América do Norte e em países da Europa, o fenômeno se repete: meninas são menos indicadas para os programas especiais do que os meninos (Vantassel-Baska, 1998). No decorrer da história, as mulheres ocupam os papéis de mãe e esposa, subservientes ao homem, e atuam em carreiras ditas *femininas*; geralmente escolhem as áreas de enfermagem, pedagogia, letras e psicologia, deixando de lado as ditas *ciências duras*, como engenharia e computação. Também percebemos estereótipos do papel sexual que os meios de comunicação e os livros-textos veiculam, mostrando a mulher em determinadas funções e profissões "mais apropriadas" para o sexo feminino (Alencar; Virgolim, 2001). Assim, na história da humanidade, as meninas têm sido sistematicamente desencorajadas (tanto na família como na escola) a usar seus talentos de forma produtiva nas áreas de interesse e aptidão (Davis; Rimm, 1994).

Phelps (2009) aponta as barreiras no desenvolvimento do talento para as meninas, que desde cedo aprendem a esconder suas habilidades para não chamar a atenção para si mesmas. Também notamos que os professores dão mais oportunidades aos meninos do que às meninas de responderem a questões orais – e prontamente reforçam o comportamento assertivo, a independência e a iniciativa dos meninos. Avaliam os meninos por sua criatividade, e as meninas são valorizadas por sua organização, limpeza e caligrafia. Phelps (2009) ressalta que os professores tendem a aplicar a maior parte do seu tempo com os meninos na resolução de problemas e dão a resposta certa para as meninas. No ensino superior, esses comportamentos tendem a se repetir, quando podemos perceber a diminuição da autoestima das meninas em contraste com a confiança e alegria de aprender manifestada nos anos iniciais.

Nessa mesma linha de pensamento, Kerr (1997) e Silverman (1993) argumentam que meninas inteligentes escolhem não se envolver tanto com as metas que elas estabeleceram anteriormente para si próprias, o que tem como consequência a diminuição do seu desempenho escolar, de suas habilidades criativas e de seu potencial. Embora na idade pré-escolar as meninas tendam a se desenvolver mais rapidamente que os meninos e a apresentar melhores notas e melhor ajustamento social, elas também aprendem a esconder suas habilidades e talentos, agindo de acordo com as normas e evitando a rejeição dos pares. Silverman (2013) compara as meninas pré-escolares com camaleões: normalmente se misturam ao grupo e se tornam invisíveis. Esse comportamento se torna mais evidente na adolescência.

Uma interessante pesquisa nessa área mostra que as meninas adolescentes se preocupam muito mais que os meninos com a percepção e o julgamento do outro sobre o seu comportamento (Kerr; Colangelo; Gaeth, 1988, citados por Kerr, 1997). Nesse estudo, os meninos numeravam as vantagens em ser superdotado; já as meninas mostravam mais ambivalência com o rótulo e apontavam mais desvantagens, preocupando-se com que os outros iriam pensar delas.

É importante que a família tenha consciência desse processo na educação das meninas, inclusive para ajudá-las a perceber os sinais de sexismo e discriminação de gênero expressos tanto na sociedade quanto dentro da própria família. É preciso conhecer como esses estereótipos afetam a visão que a menina tem de si mesma. Os pais devem oferecer segurança para suas filhas, encorajando a exploração, a independência de pensamento e a flexibilidade (Silverman, 1993; Vantassel-Baska, 1998).

Na escola, várias intervenções podem ser feitas. Na opinião de Silverman (1993, 2013), para que a confiança em suas capacidades não seja afetada, a escola deve estar atenta à estereotipia do papel sexual, principalmente na fase entre 3 e 7 anos, em que as meninas tendem a se tornar "invisíveis". Kerr (1997, p. 489) sugere que as meninas que mostram sinais precoces de altas habilidades – por exemplo, vocabulário mais avançado, leitura precoce, habilidades com números e sede por aprender – devem ser admitidas mais cedo no programa para as altas habilidades, mesmo que a limitação de idade impeça a aplicação dos testes tradicionais. Da mesma forma, Vantassel- Baska (1998) e Hébert (2011) sugerem a utilização de exemplos de mulheres bem-sucedidas na história como referências para as meninas. Outras intervenções podem ser feitas, como:

- maior atenção das professoras às exigências e às necessidades individuais das meninas;
- utilização de mentores;
- agrupamento de meninas para trabalhos escolares;
- intervenção sistemática nas séries iniciais em áreas como ciência e matemática;
- aconselhamento psicológico;
- maior envolvimento das famílias no processo.

Síntese

Nas últimas décadas, vimos surgir no cenário nacional e internacional um maior interesse, evidenciado em pesquisas e estudos sobre a superdotação, pelas populações especiais, incluindo a dupla condição e as questões de gênero. Esse grupo tem sido historicamente negligenciado e, na prática, ainda se encontram muitas barreiras e muitos estereótipos que impedem o desenvolvimento do potencial dessas pessoas.

No entanto, temos hoje maior conhecimento das necessidades cognitivas e afetivas peculiares dos superdotados, o que nos permite desenvolver métodos mais adequados de identificação e de fornecimento de serviços especializados. Concordâncias e discordâncias teóricas também são notadas, o que evidencia que precisamos fazer muito mais pesquisas para podermos avançar nessa seara. Assim como já fizemos em Virgolim (2013), temos destacado a necessidade de obtermos mais dados sobre a população brasileira com altas habilidades/superdotação. Precisamos de instrumentos mais fidedignos, padronizados e validados na nossa população, a fim de efetuarmos uma identificação mais acurada. Devemos capacitar melhor nossos professores para a identificação dos superdotados, incluindo as populações especiais. Nossas escolas, tanto públicas quanto particulares, precisam oferecer serviços especializados para esse grupo. E, finalmente, nosso país precisa de políticas públicas efetivas para o campo das altas habilidades/superdotação.

Enfim, se quisermos progredir nessa área, vencer preconceitos e estereótipos, lutar para que os direitos desse grupo sejam preservados, precisamos de trabalho e esforço conjuntos em prol do bem maior.

Atividades de autoavaliação

1. Quais são os propósitos da identificação de pessoas superdotadas?

2. Diferencie os dois tipos de superdotação apontados por Renzulli (2004) e identifique a ênfase que cada qual coloca nos processos de aprendizagem.

3. Quais os seis passos que Renzulli considera para a formação de um *pool* de talentos? Por que é necessário que esse procedimento seja tão criterioso?

4. Defina e diferencie os termos *compactação do currículo* e *aceleração*. Em que situações esses recursos devem ser utilizados e com que finalidade?

5. Por que parece paradoxal falar da superdotação em populações especiais?

Atividades de aprendizagem

Questões para reflexão

1. Imagine que você coordena uma sala de recursos para o atendimento das altas habilidades e haja uma recomendação para aceitar apenas crianças ou jovens que tenham um QI acima de 130. Um certo dia, você recebe uma criança com as seguintes características: QI de 128; baixas notas em Matemática, Linguagem e História; alta motivação para a área de ciências, dedicando todo o seu tempo livre em fazer experiências, em desmontar coisas para ver como funcionam e em buscar conhecimento com os adultos sobre a vida em outros planetas. Talvez devido a uma leve surdez, os professores reclamam de sua inabilidade em ficar quieta e prestar atenção nas aulas. A mãe, professora aposentada de Química, fornece todas as possibilidades de leitura e experimentação com materiais disponíveis no sótão de sua casa e admira seu potencial imaginativo e criador. O que você recomendaria a essa família e à escola?

2. Agora pense numa situação oposta: um jovem com QI de 138, notas abaixo da média, baixa motivação para o estudo, que fica constantemente em recuperação. Ele não sabe o que quer da vida nem da escola, que praticamente desistiu dele.

O jovem passa o dia todo desenhando ou tocando violão, mas a família acha que isso não é importante e está muito insatisfeita com o filho. Quais seriam suas recomendações para a família e a escola?

3. A sociedade em que vivemos dá muita atenção às notas escolares, ao comportamento disciplinado e aos procedimentos que a escola tradicional julga importantes para que a criança tenha sucesso no futuro (ou seja, para que passe no vestibular). Reflita sobre as questões que tratamos até o momento sobre habilidades, motivação e criatividade e como um programa para superdotados pode lidar com essas variáveis.

Atividade aplicada: prática

1. Pesquise na internet o perfil de alguma pessoa superdotada que também tenha algum tipo de deficiência (de aprendizagem, física ou sensorial) ou síndrome concomitante. Relacione as características que definem a dupla condição dessa pessoa (área forte associada a uma área fraca ou de deficiência) e ressalte o tipo de ação necessária para que seu potencial não seja desperdiçado.

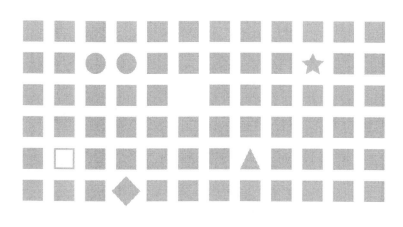

Capítulo 5
Aspectos socioafetivos da superdotação

Como qualquer criança, as experiências afetivas iniciais de crianças superdotadas são cruciais para o seu desenvolvimento; nesse sentido, pais e escola têm papel fundamental. Assim, pesquisas contemporâneas têm focalizado os aspectos e padrões que compõem o ambiente sociocultural e afetivo no qual crianças superdotadas e talentosas funcionam (Cross, 2005; Gillespie, 2009; Silverman, 2005). Dessa forma, torna-se imperioso ressaltar as questões afetivas peculiares desse grupo, suas características específicas e, em consequência, como tais características criam e refletem necessidades sociais e emocionais no ambiente em que elas se desenvolvem.

Este capítulo tem como objetivo tratar desses aspectos e oferecer *insight* sobre o mundo afetivo e emocional das crianças com altas habilidades/superdotação. Também pretendemos trazer algumas reflexões para que o professor do ensino regular e/ou especializado e os pais possam atender às necessidades afetivas especiais desse grupo no ambiente escolar e no familiar, respectivamente.

5.1 Aspectos afetivos

A literatura contemporânea sobre as altas habilidades tem enfatizado que, entre a grande variedade de oportunidades e serviços educacionais a serem oferecidos a essa população, devem constar as oportunidades para o desenvolvimento global do estudante, o que compreende seus aspectos cognitivos, psicomotores e socioemocionais (Neihart et al., 2002; Renzulli; Reis, 1997). No entanto, historicamente, tais necessidades especiais não têm sido reconhecidas e estimuladas no ambiente escolar; a ênfase maior tem sido aplicada ao desenvolvimento dos aspectos cognitivos intelectuais e, em certa medida, aos aspectos criativos (Betts; Neihart, 1985).

Quando falamos dos aspectos afetivos, estamos nos referindo aos processos que envolvem a maneira pela qual as pessoas lidam com emoções, sentimentos, valores pessoais, apreciação, entusiasmo, motivações, atitudes e sensibilidade a outras pessoas, coisas e ideias (Nugent, 2005).

> "No âmbito da psicologia, afetividade é a capacidade individual de experimentar o conjunto de fenômenos afetivos (tendências, emoções, paixões, sentimentos). A afetividade consiste na força exercida por esses fenômenos no caráter de um indivíduo. A afetividade tem um papel crucial no processo de aprendizagem do ser humano, porque está presente em todas as áreas da vida, influenciando profundamente o crescimento cognitivo."
> (Afetividade, 2018)

As emoções desempenham um importante papel no desenvolvimento intelectual da criança e do jovem. Quando os sentimentos estão bloqueados, a criança pode ter dificuldade em processar o que aprende intelectualmente. Se tais sentimentos bloqueados são ignorados, com o passar do tempo há um maior potencial para a adoção de comportamentos de risco, como violência, isolamento social e abuso de drogas (Baum; Owen, 1988; Butler-Por, 1993; Clark, 1992; Seeley, 1993; Shelton; Stern, 2004). Por outro lado, o desenvolvimento de habilidades de autoconsciência, resolução de problemas e tomada de decisões pode ajudar a criança a entender seus sentimentos e a fazer escolhas construtivas para sua vida. Nesse sentido, também Goleman (1995) observa que a autoconsciência não é simplesmente a experiência de reconhecer nossos pensamentos e sentimentos, mas observá-los sem fazer julgamentos, entendê-los e conscientemente tomar decisões independentes sobre o que fazer com eles. A seguir, veremos o que pais e professores podem fazer para ajudar a criança a ter consciência de suas emoções e aprender a gerenciá-las.

5.2 A taxonomia de Bloom e Krathwohl

Talvez a mais conhecida classificação dos objetivos de aprendizagem seja a taxonomia de Bloom. Em 1956, Benjamin Bloom (1913-1999), psicólogo educacional da Universidade de Chicago, desenvolveu um sistema hierárquico (ou taxonomia) de especificações que pudessem ser úteis no planejamento e na avaliação da aprendizagem e que também pudessem demonstrar como a criança ou o jovem aprende. Bloom e seus colegas demonstraram que há vários tipos de aprendizagem, que ocorrem quando se juntam os domínios cognitivo, afetivo e psicomotor (Bloom et al., 1956). Cada domínio é dividido em subcategorias de forma hierárquica, e a aprendizagem em níveis superiores depende da aquisição de habilidades em níveis mais baixos. O objetivo da taxonomia de Bloom é motivar os educadores a focalizar os três domínios, criando uma forma mais holística de educação.

Em 2001, Anderson, Krathwohl e colaboradores revisaram a taxonomia original do domínio cognitivo de Bloom e incorporaram o tipo de conhecimento a ser aprendido (factual, conceitual, procedimental ou metacognitivo) e o processo usado para aprender, agora traduzido em verbos (*lembrar, entender, aplicar, analisar, avaliar e criar*) (Krathwohl; Bloom; Masia, 1964). Os autores pontuam que o processo de construir, criar e formular novos produtos ou pontos de vista utiliza o nível mais alto de pensamento (Cruz, 2003, p. 3), ou pensamento de ordem superior.

> Enquanto o domínio cognitivo abarca os processos intelectuais, o domínio afetivo abarca os processos afetivos e envolve a maneira pela qual as pessoas lidam com as emoções, sentimentos, valores pessoais, apreciação, entusiasmo, motivações, atitudes e sensibilidade com relação aos outros, coisas e ideias. (Nugent, 2005, p. 3, tradução nossa)

A taxonomia do domínio afetivo de Krathwohl fornece cinco critérios para classificar objetivos educacionais de acordo com a profundidade, a complexidade e as habilidades de pensamento requeridas: receber, responder, valorizar, organizar e caracterizar pelo valor.

Receber está no nível hierárquico de base e significa a disposição da pessoa em reconhecer ou ter consciência da existência de determinadas ideias, materiais ou fenômenos; inclui ter vontade de receber o estímulo e direcionar sua atenção a ele; abrange diferenciar, aceitar, ouvir e responder. Do ponto de vista do professor, significa obter, segurar e direcionar a atenção do aluno para o material instrucional. O aluno demonstra aprendizagem nesse nível pelo simples reconhecimento de que o tópico existe ou pelo discernimento da sua atenção.

O segundo nível, **responder**, implica um envolvimento ativo do aluno, mesmo que pequeno, demonstrando um certo comprometimento ou engajamento com o estímulo; abrange participar, engajar, desempenhar e voluntariar. Do ponto de vista do professor, significa aquiescência em responder, vontade de responder ao estímulo, de participar, de mostrar interesse e de obter satisfação ou prazer na resposta.

O nível seguinte, **valorizar**, focaliza no valor que o aprendiz associa ao estímulo, à ideia ou ao fenômeno, expresso em atos que demonstram seu comprometimento interno; abarca renunciar, subsidiar, dar suporte, defender, propor, justificar e debater. Do ponto de vista educacional, significa aceitar e internalizar uma postura, mostrar preferência a certos valores, gerenciar o ambiente para encontrar uma solução e comprometer-se com ela.

Organizar é o penúltimo nível de pensamento que controla o comportamento afetivo. Implica discutir, teorizar, formular, equilibrar, examinar e integrar; ocorre quando o aprendiz coloca lado a lado diferentes valores e conflitos, estabelece relações entre eles e organiza um sistema coerente de valores. A aprendizagem afetiva acontece quando o aluno percebe suas forças e fraquezas; reconhece e aceita responsabilidades; constrói e articula sua própria filosofia de forma harmoniosa e consistente.

E, por fim, o nível mais elevado do comportamento afetivo diz respeito a **caracterizar pelo valor**, que significa agir consistentemente com os valores internalizados, fazer escolhas significativas e congruentes com sua filosofia pessoal. Objetivos instrucionais abarcam revisar, requerer, evitar, resistir, gerenciar, influenciar, resolver e incluem demonstrar autoconfiança, praticar a cooperação, mostrar objetividade na resolução de problemas, exibir autodisciplina e agir de acordo com suas próprias crenças.

Vamos dar um exemplo no âmbito do ensino fundamental. Em uma unidade como poluição, o professor poderia explorar o tema incorporando a taxonomia do domínio afetivo de Krathwohl da seguinte forma, com base em Nugent (2005, p. 13):

- **Receber**: O professor introduz o assunto *poluição*; o estudante se torna consciente das palavras e dos conceitos associados ao tema; presta atenção às discussões; assiste a filmes e palestras sobre poluição; torna-se interessado no assunto.
- **Responder**: O aluno começa a formar sua própria opinião sobre poluição; compartilha seus sentimentos com a turma; defende sua posição perante o grupo.
- **Valorizar**: Já internalizando sua posição contra a poluição, o aluno começa a planejar formas de combatê-la e buscar soluções para alguns problemas da escola ou da comunidade; suas crenças pessoais passam a governar suas ações em vez de ser governado pelas opiniões alheias.
- **Organizar**: O aluno começa a encontrar conexões entre suas preocupações pessoais e outros níveis sociais e políticos; seu sistema de crenças pessoais passa a organizar seu ambiente, promovendo cuidados com a saúde.
- **Caracterizar pelo valor**: Em sua vida pessoal, o aluno age de acordo com suas crenças, que agora estão internalizadas; pode vir a se tornar tão envolvido com o tema a ponto de futuramente ter uma profissão centrada em torno de problemas ambientais.

5.3 Objetivos da aprendizagem no domínio afetivo

É importante que você perceba que o objetivo educacional maior no uso dessa taxonomia deixa de ser apenas a instrução centrada em um problema específico na sala de aula para construir valores e atitudes positivas que irão fazer parte do sistema de crenças do indivíduo por toda sua vida. Nugent (2005) reflete que a aprendizagem não acontece no vácuo; muitos são os fatores que dão forma e influenciam o processo de aprendizagem, incluindo as emoções e os sentimentos dos alunos. Da mesma forma, para Sisk (1987), o ensino do domínio afetivo permite ao aluno compartilhar percepções, *insights* e atitudes de forma deliberada, facilitando sua inserção no ambiente educacional. Assim, o professor pode guiar deliberadamente o estudante na obtenção de um nível mais elevado de habilidades de pensamento, sem o que o aluno (principalmente o que tem altas habilidades) pode se tornar entediado, inquieto, insubordinado e até mesmo fracassar academicamente (Baum; Owen, 1988; Seeley, 1993).

O ensino afetivo é particularmente importante no caso dos indivíduos superdotados, que encontram uma variedade de problemas sociais, além das tarefas desenvolvimentais que usualmente se apresentam para pessoas de sua idade. Segundo Robinson et al. (2002), esses indivíduos têm uma visão complexa do mundo e uma necessidade emocional maior de se desenvolver e dominar sua área de interesse. Além disso, conforme assinalou Hollingworth (1942), esses alunos se preocupam com questões éticas e filosóficas antes mesmo de adquirirem maturidade para lidar com tais questões.

5.4 Fontes de estresse

Em capítulos anteriores, falamos sobre as características dos indivíduos superdotados; no terreno afetivo, são pessoas que, se comparadas à população geral, reagem com muito mais força e expressão quando o ambiente não é sensível a suas habilidades ou quando suas necessidades especiais não são atendidas. Essas reações, se dirigidas ao mundo externo, podem se revelar em forma de comportamentos sociais inadequados, hostilidade e agressão com relação aos outros, como figuras de autoridade, pais e professores, ou em atos de delinquência social. Mas, se dirigidas ao mundo interno, se transformam em um autoconceito negativo, insegurança, frustração e raiva por não atingirem a perfeição, além do sentimento de serem inadequados e diferentes (Virgolim, 2003).

Dessa forma, revela-se de especial importância o trabalho desenvolvido em sala de aula que permite a expressão dos afetos do aluno em toda sua complexidade. Altman (1983) aponta seis aspectos que, de fato, diferenciam a experiência de vida do aluno com altas habilidades quando comparado a seus pares não identificados e que indicam possíveis fontes de estresse no decorrer de seu desenvolvimento:

1. **Funcionamento cognitivo avançado**: Muitos alunos são criativos, buscam múltiplas soluções para um problema, tendem a ser mais críticos e perfeccionistas. Observamos, em muitos casos, que colocam para si mesmos objetivos difíceis de alcançar, irrealistas e que podem levar a um estresse constante e a sentimentos de culpa, frustração e autodesvalorização.

2. **Tendência a se relacionar com pessoas mais velhas**: Como muitos alunos apresentam maturidade cognitiva em um nível mais elevado que os pares, preferem a companhia de pessoas mais velhas e adultos, como tutores ou mentores. Como resultado da exposição precoce ao mundo adulto, podem se tornar também mais estressados.
3. **Competência linguística precoce**: Um dos indicadores de altas habilidades comumente apresentados pelas crianças pequenas é a linguagem precoce e o vocabulário mais avançado. Com frequência, podemos ver um pensamento abstrato e uma preocupação com valores, com o certo e o errado, e o surgimento de uma filosofia pessoal de vida. A criança pode sentir certo desconforto com os conflitos pessoais que podem surgir antes de ter recursos para lidar com isso.
4. **Início precoce dos estágios desenvolvimentais**: A criança superdotada pode atingir estágios de desenvolvimento emocional e físico antes do esperado para sua idade, o que pode se tornar um fator de estresse para ela, levando a um descompasso entre ela e os colegas.
5. **Rápido progresso pelos estágios desenvolvimentais**: Outra fonte de trauma emocional pode se constituir pela progressão mais rápida nas fases de desenvolvimento, já que a relativa instabilidade gerada por essa precocidade pode ser vivenciada como um fator de estresse.
6. **Consciência de ser diferente**: O impacto do rótulo na vida de uma criança identificada como superdotada tem sido bastante estudado. Algumas crianças e jovens sentem o efeito do estigma, demonstrado pela dificuldade no relacionamento com seus pares e por uma diminuição do seu

autoconceito, o que vai influenciar diretamente sua motivação para a realização escolar, sua confiança interpessoal e sua independência.

Sabemos que educar indivíduos com altas habilidades não é uma tarefa fácil, especialmente quando se trata de um grupo tão heterogêneo como esse. Concomitantemente ao aumento do grau de habilidade e da complexidade de pensamento, percebemos também um aumento na intensidade e na energia com que eles reagem ao mundo. Conhecer essas necessidades emocionais e afetivas pode ajudar pais e professores a traçar estratégias mais adequadas ao seu desenvolvimento.

5.4.1 Características afetivas e problemas concomitantes

Clark (1992) destaca o que acabamos de mencionar: educar indivíduos com altas habilidades não é uma tarefa fácil, pois é um grupo heterogêneo do qual padrões e traços únicos emergem na presença de altos níveis de funcionamento. Quanto mais expressiva e acentuada forem as habilidades de um superdotado, maior o grau de intensidade e energia apresentados e maior a complexidade de pensamento.

As características afetivas diferenciadas desses alunos e suas necessidades especiais precisam ser conhecidas por pais e professores para que possam preparar um ambiente mais adequado ao seu desenvolvimento. Da mesma forma, crianças e jovens superdotados devem aprender a aplicar suas habilidades cognitivas no conhecimento do seu mundo interno a fim de dar sentido ao mundo externo.

Clark (1992) destaca os aspectos afetivos relacionados às altas habilidades, apresentados no quadro a seguir.

Quadro 5.1 – Aspectos afetivos, possíveis problemas e necessidades específicas dos alunos superdotados

Característica afetiva	Possíveis problemas concomitantes	Exemplos de necessidades relacionadas
Grande acúmulo de informação sobre emoções que não estão conscientes.	Mal interpretação da informação percebida, o que afeta negativamente o indivíduo.	Processar cognitivamente o significado emocional da experiência; identificar filtros perceptuais e sistemas de defesa em si mesmo e nos outros; expandir e clarificar a consciência do ambiente físico; clarificar a consciência das necessidades e dos sentimentos dos outros.
Sensibilidade incomum às expectativas e aos sentimentos dos outros.	Vulnerabilidade acentuada à crítica dos outros; alto nível de necessidade de sucesso e reconhecimento.	Aprender a clarificar os sentimentos e as expectativas dos outros.
Agudo senso de humor.	Uso do humor para atacar criticamente o outro, resultando em dano para os relacionamentos interpessoais.	Aprender como os comportamentos afetam os sentimentos e os comportamentos dos outros.

(continua)

(Quadro 5.1 – continuação)

Característica afetiva	Possíveis problemas concomitantes	Exemplos de necessidades relacionadas
Autoconsciência elevada, acompanhada de sentimentos de ser diferente.	Isolamento, resultando em ser percebido como distante, o que o faz sentir-se rejeitado; percebe a diferença como um atributo negativo, o que traz uma baixa autoestima e a inibição do crescimento emocional e social.	Aprender a evidenciar de forma assertiva suas necessidades e sentimentos de forma não defensiva; compartilhar com outros para autoesclarecimento.
Idealismo e senso de justiça que aparecem em tenra idade.	Reformas e metas não realistas, o que resulta em intensa frustração (o suicídio é resultado de intensa depressão com relação a assuntos dessa natureza).	Transcender reações negativas encontrando valores com que possa se comprometer.
Desenvolvimento prematuro de um lócus de controle e satisfação internos.	Tem dificuldade em se conformar; rejeita validação externa e escolhe viver de acordo com valores pessoais, que podem ser percebidos como desafio à autoridade ou à tradição.	Esclarecer as prioridades pessoais entre valores conflitantes; confrontar e interagir com o sistema de valores dos outros.
Profundidade e intensidade emocional incomuns.	Vulnerabilidade incomum; tem problemas em focalizar metas realísticas para sua vida futura.	Encontrar propósito e direção no sistema de valores pessoais; transformar comprometimento em ação na vida diária.

(Quadro 5.1 – continuação)

Característica afetiva	Possíveis problemas concomitantes	Exemplos de necessidades relacionadas
Altas expectativas de si e dos outros, que geralmente conduzem a altos níveis de frustração consigo mesmo, com os outros e com o ambiente; perfeccionismo.	Desencorajamento e frustração derivados de altos níveis de criticismo; tem problemas em manter bom relacionamento interpessoal quando os outros falham no atendimento aos altos padrões impostos pelo indivíduo superdotado; imobilização da ação devido aos altos níveis de frustração resultantes de situações que não atingem as suas expectativas de excelência.	Aprender a estabelecer metas realísticas e aceitar obstáculos como parte do processo de aprendizagem; ouvir os outros expressarem seu crescimento na aceitação de si próprios.
Forte necessidade de consistência entre valores abstratos e ações pessoais.	Frustração com os outros, o que inibe a sua autorrealização e pode levar ao comprometimento de suas relações interpessoais.	Encontrar uma profissão que oferece oportunidades para a realização do sistema de valores pessoais do aluno, assim como um caminho para seus talentos e suas habilidades.
Níveis avançados de julgamento moral.	Intolerância e falta de entendimento do grupo de pares, levando à rejeição e possível isolamento.	Receber validação para moralidade acima da média.

(Quadro 5.1 – continuação)

Característica afetiva	Possíveis problemas concomitantes	Exemplos de necessidades relacionadas
Altamente motivado por necessidade de autorrealização.	Frustração por não se sentir desafiado; perda de talentos idealizados, não trabalhados.	Ter oportunidades para seguir caminhos divergentes, buscar interesses mais fortes; entender as demandas da busca pela autorrealização.
Avançada capacidade cognitiva e afetiva para conceituar e resolver problemas reais apresentados pela sociedade.	Tendência a dar soluções rápidas sem levar em conta a complexidade dos problemas; a pouca idade da pessoa superdotada frequentemente torna suspeitas as alternativas por ela adotadas; pessoas mais velhas e experientes na solução de problemas podem não levá-la a sério.	Atentar para os problemas sociais; ter consciência da complexidade de problemas apresentados pela sociedade; definir estrutura conceitual de procedimentos para resolução de problemas.
Liderança.	A falta de oportunidade para usar essa habilidade construtivamente pode resultar no desaparecimento desse traço no repertório do jovem ou se tornar uma característica negativa (por exemplo, liderança de gangues).	Entender os vários passos da liderança e da prática em habilidades de liderança.

(Quadro 5.1 – conclusão)

Característica afetiva	Possíveis problemas concomitantes	Exemplos de necessidades relacionadas
Soluções para problemas sociais e ambientais.	A sociedade perde se não permitir que esses traços sejam desenvolvidos com orientação e oportunidade de envolvimento significativo.	Ter significativo envolvimento com problemas reais.
Envolvimento com as metanecessidades da sociedade (como justiça, beleza, verdade).	Envolvimento com grupos obscuros de crenças limitadas e perfeccionistas.	Explorar níveis mais altos do pensamento humano; aplicar esse conhecimento aos problemas atuais.

Fonte: Clark, 1992, p. 40-42, tradução nossa.

Clark (1992) acrescenta que o programa educacional deve oferecer oportunidades para que o conhecimento emocional seja reconhecido e trazido à consciência. Schmitz e Galbraith (1985) reforçam que ninguém tem altas habilidades no domínio cognitivo às expensas do domínio afetivo. Ao olhar ambos os domínios, o educador encontra material para predizer o tipo de desafios emocionais que poderá encontrar na convivência com esses alunos.

Além disso, podemos atrelar o desenvolvimento precoce da consciência social, característico da criança superdotada, ao desenvolvimento de uma estrutura de valores a serem transformados em ações sociais (Nugent, 2005; Renzulli, 2002; Webb; Meckstroth; Tolan, 1994). Renzulli (2002) ressalta a importância de se vincular traços cognitivos aos não cognitivos para estimular mais pessoas a usarem suas altas habilidades de forma socialmente construtiva. Crianças que, em idades precoces, apresentam constantes observações sobre a justiça no ambiente escolar, têm um forte senso de certo e errado, são sensíveis aos sentimentos dos outros e apresentam forte consciência das necessidades alheias são aquelas com grande potencial para se envolver em atividades socialmente construtivas (Renzulli; Sytsma; Schader, 2003).

Assim, o ensino direcionado ao mundo socioemocional da criança e do jovem, atrelado ao desenvolvimento de valores positivos e significativos no aproveitamento do imenso potencial que essas pessoas têm, vão se constituir no diferencial que toda sociedade justa, igualitária e democrática almeja para transformar o mundo em um lugar digno de se viver. Esses aspectos foram largamente discutidos em capítulos anteriores, quando abordamos as teorias do bem maior e do capital social de Gardner, Sternberg e Renzulli.

5.5 Principais características afetivas nas altas habilidades

Hébert (2011) afirma que dentro de uma criança sensível existe uma complexidade de sentimentos que influenciam suas experiências de vida diária, levando-a a formar vínculos profundos com pessoas e lugares em sua vida. Elas podem facilmente sofrer emocionalmente, mas estão agudamente conscientes das necessidades alheias. Crianças superdotadas podem ser autoanalíticas, autocríticas e mesmo severas com elas mesmas, mas não se perdoam facilmente se, por acaso, magoam ou ferem os sentimentos dos outros. A seguir, vamos pontuar algumas dessas características.

5.5.1 Perfeccionismo

Para muitos pesquisadores, o perfeccionismo é um traço emocional comum e uma das questões mais críticas no campo da superdotação (Hébert, 2011; Schuler, 2002; Silverman, 1993, 1999). Hébert (2011) afirma que o perfeccionismo em alunos superdotados pode se manifestar de várias formas, algumas valorizadas pela sociedade e outras não. No entanto, a maior discussão no campo é se o perfeccionismo é uma característica positiva que deve ser cultivada ou se é um problema que deve ser curado.

Schuler (2002) discute o perfeccionismo como um contínuo de comportamentos. Assim, de um lado, está o **perfeccionista saudável**, caracterizado por uma intensa necessidade de ordem e organização. A pessoa demonstra autoaceitação de seus erros, uma boa aceitação das altas expectativas parentais; tem uma forma positiva de lidar com suas tendências perfeccionistas; adota bons modelos que enfatizam o *fazer o melhor que se pode*; percebe o esforço pessoal como uma parte importante do perfeccionismo. Por outro lado, o **perfeccionista disfuncional** seria aquele que apresenta um constante estado de ansiedade com relação à possibilidade de cometer erros; determina padrões e objetivos extremamente altos e irrealistas para alcançar; percebe as altas expectativas dos outros como crítica excessiva; questiona seus próprios julgamentos; exibe uma constante necessidade de aprovação; demonstra estratégias ineficazes para lidar com as exigências do ambiente. O perfeccionismo disfuncional paralisa; já o perfeccionismo saudável autoriza e empodera, constituindo-se numa importante força para o sucesso e a realização escolar.

O perfeccionismo disfuncional, para Hamachek (1978), tende a ocorrer em dois tipos de ambientes emocionais:

1. quando há não aprovação ou aprovação inconsistente, em que os pais deixam de estabelecer padrões explícitos de desempenho para a criança;
2. quando os pais expressam aprovação condicionada ao desempenho da criança (ou seja, os comportamentos da criança são confundidos com a própria criança).

Baseada na teoria de Dabrowski, Silverman (1993, 1999) afirma que o perfeccionismo é uma qualidade positiva na personalidade do indivíduo, pois é o esforço na busca da autoperfeição que o impulsiona para um nível de desenvolvimento mais alto. Silverman defende que o perfeccionismo é função do desenvolvimento **assincrônico** da criança superdotada (vamos discutir mais à frente esse conceito). Devido ao desenvolvimento mais rápido da mente sobre o corpo, o seu raciocínio e os seus valores são mais parecidos com seus pares mentais do que com seus pares cronológicos; assim, é compreensível que a frustração possa surgir nesse contexto. Um bom aconselhamento psicológico pode ser necessário para ajudar a criança a perceber esse funcionamento e atuar positivamente e de forma produtiva na direção de um perfeccionismo saudável. O perfeccionista precisa perceber que pessoas importantes do seu ambiente acreditam nela e têm fé na sua habilidade de atingir suas metas e objetivos, mesmo que impliquem suplantar grandes obstáculos.

> "Sem perfeccionistas não existiriam campeões olímpicos, grandes obras artísticas, descobertas científicas, obras requintadas de artesanato, líderes morais. É o impulso básico para atingir a excelência" (Silverman, 1993, p. 58-59, tradução nossa).

Os educadores precisam ajudar as crianças e os jovens a apreciar seus traços de perfeccionismo e a não se sentirem envergonhados com essa qualidade. As pessoas com altas habilidades precisam se permitir serem perfeccionistas naquelas atividades que são importantes para elas (e não em todas as atividades); devem manter altos padrões para si mesmos (e não impor tais padrões para os outros); precisam focalizar no próprio sucesso e continuar tentando quando suas primeiras tentativas fracassarem; devem ter confiança em suas ideias e na sua habilidade em atingir suas metas.

O perfeccionismo que impulsiona a pessoa a tentar mais uma vez leva ao sucesso; aquele que resulta em paralisia, evitação, ataques de ansiedade e fuga leva ao fracasso. Assim, os educadores precisam ajudar a criança superdotada a sentir prazer em suas realizações e a ver seus contratempos como uma forma de aprendizagem, fazendo elogios pelos seus esforços e pela sua determinação, e não pela inteligência ou pelo talento, fatores que não pode controlar. Por fim, os professores devem canalizar seus esforços para aquilo que é mais motivador ou importante para a criança.

5.5.2 Perceptividade

A perceptividade é caracterizada como a habilidade para apreender vários aspectos de uma situação simultaneamente e entender rapidamente os elementos essenciais de um problema. A pessoa perceptiva pode perceber as várias camadas por baixo de um sentimento; pode demonstrar essa perceptividade por meio da intuição, *insight* e necessidade da verdade, mesmo que isso possa ofender o outro (Lovecky, 1992, 1993; Silverman, 1993). Para a criança perceptiva, a busca da verdade e a necessidade de entender a justiça e a equidade podem suplantar a consciência das necessidades dos outros. Ela pode não entender a razão de outras pessoas não perceberem o que é tão claro para ela e demonstrar pouca tolerância com comportamentos tolos, ordinários ou injustos.

A perceptividade e a capacidade para *insights* emergem como resultado de um raciocínio avançado, de um alto nível de vocabulário e da maneira sofisticada com que os pensamentos são transmitidos, muitas vezes demonstrando sabedoria ante um assunto. Crianças superdotadas perceptivas frequentemente enxergam padrões em materiais que, para os outros, não têm significado; encontram significados escondidos no que leem ou ouvem; entendem a realidade subjacente ao que os outros falam, principalmente quando notam a falta da verdade e da justiça na forma como alguns adultos tratam as crianças. No entanto, é frequentemente difícil para as crianças entenderem as sutilezas da diplomacia e da máscara social que tantas vezes são necessárias na convivência com o mundo adulto. Por isso, a criança precisa que suas percepções e seus *insights* sejam validados pelo adulto, reconhecidos em sua verdade, e devem ser orientadas para o entendimento de como os outros pensam e sentem.

5.5.3 Lócus de controle interno

O construto *lócus de controle* foi desenvolvido por Julian Rotter (1916-2014), na década de 1960, com base na teoria de aprendizagem social proposta por ele em 1954, para explicar o grau no qual o indivíduo percebe a relação entre seu próprio comportamento e os resultados desse comportamento. A pessoa que assume controle ou responsabilidade pelos eventos na sua vida possui um lócus de controle interno; já uma pessoa com lócus de controle predominantemente externo percebe que sua vida não é controlada por ela, mas pelos outros; assim, são pessoas que se sentem mais afetadas pelo mundo externo, pelas críticas, pelas percepções e pelos elogios que vêm dos outros. Hébert (2011) e Sayler (2009) pontuam que é psicologicamente saudável se sentir em pleno controle da sua própria vida; no entanto, estamos o tempo todo mudando de posição nesse contínuo, uma vez que, em algumas situações, nos sentimos mais no controle e, em outras, menos, a depender de nossas experiências e habilidades.

Alunos superdotados podem desenvolver argumentos disfuncionais para explicar seu sucesso escolar quando as tarefas lhes parecem muito fáceis – um exemplo é a crença de que sempre irão aprender as coisas com muita facilidade e rapidez, de que sempre vão dar as respostas corretas e de que nunca cometerão erros. Quando o aluno obtém sucesso em uma tarefa especialmente desafiadora, as chances de atribuições apropriadas em direção de um lócus de controle interno aumentam, na medida em que percebe que o sucesso é dependente do nível de esforço na atividade (Sayler, 2009). Por outro lado, a criança superdotada que desenvolve um lócus de controle externo pode se sentir perdida sem o direcionamento dos outros e responsabilizar professores, pais, outros alunos ou eventos e circunstâncias externos para justificar um desempenho ruim. Alunos superdotados externamente orientados atribuem o seu sucesso à sorte, ao ensino, ao professor e a outros eventos externos em detrimento dos próprios esforços ou da motivação para vencer.

A criança superdotada com um lócus de controle interno tem mais chances de se sentir responsável por suas ações ou pela ausência delas, principalmente quando pode trabalhar em seu próprio ritmo. É importante que ela obtenha ajuda para entender as áreas de sua vida que não são passíveis de controle e, portanto, não vale a pena o esforço para mudar. Na opinião de Sayler (2009), assumir o controle sobre as coisas importantes de sua própria vida facilita a realização acadêmica e encoraja o desenvolvimento psicológico ótimo, inclusive na direção de um perfeccionismo saudável e da aceitação da própria superdotação.

5.5.4 Introversão

A grande diferença entre o extrovertido e o introvertido é a fonte de energia: pessoas extrovertidas obtêm energia nas pessoas e nos objetos do mundo externo; pessoas introvertidas, dentro delas mesmas. Silverman (1993) afirma que, ao contrário dos extrovertidos, os introvertidos frequentemente mantêm um *self* privado e outro público, que é a sua *persona*. Tipicamente, a criança introvertida vai à escola, na qual procura se comportar de forma perfeita, mas reservada, mantendo todos os seus sentimentos negativos dentro de si; quando chega em casa, joga esses sentimentos na pessoa em quem mais confia e se sente seguro (geralmente a mãe). No quadro a seguir fazemos uma comparação dos dois tipos de personalidade:

Quadro 5.2 – Comparação entre os tipos de personalidade: extrovertidos e introvertidos

Extrovertidos	Introvertidos
Obtêm energia das interações com outros.	Obtêm energia dentro deles mesmos.
Sentem-se energizados pelas pessoas.	Sentem-se drenados pelas pessoas.
Têm a mesma personalidade tanto em público quanto em particular.	Tem uma persona e um *self* interno (mostra o seu melhor *self* em público).
São abertos e confiantes.	Precisam de privacidade.
Pensam em voz alta.	Ensaiam mentalmente antes de falar.
Gostam de ser o centro das atenções.	Detestam ser o centro das atenções.
Aprendem fazendo.	Aprendem observando.
Sentem-se confortáveis em situações novas.	Sentem-se desconfortáveis com mudanças.
Fazem muitos amigos facilmente.	São leais aos poucos amigos íntimos que possuem.
São distraídos.	São capazes de intensa concentração.
São impulsivos.	São reflexivos.
Em grupos, gostam de se arriscar.	Têm medo de serem humilhados; são quietos em grandes grupos.

Fonte: Silverman, 1993, p. 69-70, tradução nossa.

Os introvertidos devem ser respeitados por sua introversão; necessitam de tempo para refletir, para deixar suas emoções fazerem sentido antes de serem verbalizadas, a fim de ponderar as possíveis soluções para um problema; já os extrovertidos organizam os pensamentos pela verbalização (Silverman, 1993). Diferentemente da fobia e da timidez, a pessoa introvertida se socializa facilmente, embora muitas vezes prefira não o fazer.

5.5.5 Pensamento divergente

Pessoas com pensamento divergente são originais, têm respostas incomuns e criativas e apresentam um bom senso de humor. Pensadores divergentes frequentemente têm dificuldade em organizar pensamentos, sentimentos e materiais, seja em casa, seja na escola. Eles não se utilizam de uma forma linear de pensamento e percebem o todo em detrimento das partes.

Quando adultas, pessoas divergentes são produtivas, inovadoras em numerosos campos, empreendedoras e altamente imaginativas. Contudo, quando crianças, em ambientes de ensino tradicional, são punidas por serem questionadoras, apresentarem respostas incomuns ou não gostarem de trabalhar em grupos. Dessa forma, muitas crianças aprendem a esconder seu eu criativo por trás de uma máscara social para se sentirem aceitas (Lovecky, 1993). Na escola, tais crianças podem ter dificuldade em focalizar atenção, entender o ponto de vista do professor ou decidir quais os pontos mais importantes que deve memorizar, já que pode ser difícil organizar ideias em uma certa sequência ou focalizar a atenção em um ponto específico. Na adolescência, pensadores divergentes podem ter risco de isolamento; muitos podem estar mais interessados em seguir sua própria visão interna do que em se conformar para ser aceito pelos pares. Muitas vezes, é no aconselhamento psicológico que encontrarão suporte para entender as consequências de suas decisões.

5.5.6 Senso de destino

Pessoas superdotadas são altamente motivadas a fazer o seu próprio caminho e o seu próprio destino, a despeito de inúmeros obstáculos que possam vir a ter. Têm uma grande autodeterminação, uma força vital interna que dirige a vida e o crescimento para se tornar aquilo que alguém é capaz de ser. São capazes de atingir sua própria autorrealização.

O senso de destino compreende uma variedade de conceitos inter-relacionados, como lócus de controle interno, motivação, vontade e autoeficácia. Quando um indivíduo tem uma visão ou senso de destino sobre futuras atividades, eventos e envolvimentos, usa esse conhecimento para direcionar os seus comportamentos, o que se torna um incentivo para o comportamento atual (Renzulli, 2002).

Lovecky (1993) argumenta que pessoas com senso de destino acreditam em si próprias mesmo quando ninguém mais acredita. Sentem-se determinadas na busca de suas próprias metas e demonstram grande força de vontade, muitas vezes inspirando pares e adultos do seu entorno. São carismáticas, facilmente lideram seus pares em atividades de grupo e são muitas vezes procuradas pelo apoio e encorajamento que podem fornecer. Em geral, são pessoas que inspiram outros a serem melhores do que ordinariamente poderiam ser. No entanto, nem sempre esses traços trazem o melhor resultado para o indivíduo superdotado. Colocar as necessidades do outro em primeiro lugar pode levá-lo a uma grande frustração e desapontamento consigo mesmo e a ter dificuldades em perceber seus pontos fracos e fortes e em estabelecer seu próprio senso de identidade quando separado dos outros.

5.6 O assincronismo

Conforme citamos anteriormente, crianças e jovens que apresentam um maior QI medido em testes psicométricos tendem a apresentar necessidades afetivas e sociais de modo diferenciado aos seus pares de mesma idade cronológica (Clark, 1992; Neihart et al., 2002; Silverman, 1993), provavelmente devido à grande sensibilidade que caracteriza esse grupo. Silverman (1993) defende que essas crianças e esses jovens apresentam um desenvolvimento *assincrônico*, palavra cunhada por ela para se referir às habilidades cognitivas avançadas que se combinam com a grande intensidade com que essas pessoas vivenciam o mundo, criando experiências internas e um grau de consciência qualitativamente diferentes de seus pares. Devido a essa grande sensibilidade, a criança ou o jovem oscila entre momentos de grande avanço emocional e outros de imaturidade. A autora acredita que é necessário que a criança aprenda a aplicar suas capacidades cognitivas na compreensão de seu mundo emocional, de forma a diminuir sua vulnerabilidade e alcançar um desenvolvimento ótimo.

Ao perceber a necessidade de se focalizar mais no mundo emocional da pessoa superdotada e nas suas vulnerabilidades em vez de apenas em suas habilidades acadêmicas, o grupo Columbus (cuja definição pode ser encontrada no endereço: <http://www.gifteddevelopment.com/isad/columbus-group>), liderado por Linda Silverman, psicóloga e fundadora do Institute for the Study of Advanced Development, no Colorado (Estados Unidos), estabeleceu a seguinte definição:

> Superdotação é um desenvolvimento assincrônico no qual habilidades cognitivas avançadas e grande intensidade combinam para criar experiências internas e consciência que são qualitativamente diferentes da norma. Essa assincronia aumenta com a capacidade intelectual. A unicidade do superdotado os torna particularmente vulneráveis e são necessárias modificações na educação parental, no ensino e no aconselhamento psicológico, a fim de que possam alcançar um desenvolvimento ótimo. (Silverman, 2009, p. 68, tradução nossa)

Harrison (2005, p. 87, tradução nossa) também reconhece a necessidade de definições que focalizem o suporte emocional para a pessoa com altas habilidades:

> A criança superdotada é aquela que desempenha ou tem habilidade para desempenhar em um nível significativamente além de seus pares de idade cronológica, e cujas características e habilidades únicas requerem disposições especiais e suporte emocional e social da família, da comunidade e do contexto educacional.

Daniels e Meckstroth (2009), Sampson (2013) e Silverman (2005) também reconhecem que muitas crianças com talentos e habilidades especiais apresentam formas diferentes de experienciar o mundo, pois tendem a ser mais sensíveis e a demonstrar comportamentos que oscilam entre emoções extremadas. É também comum uma excitação tão grande com suas descobertas, uma intensidade tão forte em seus comportamentos, que essas crianças podem sentir dificuldades em se manter nos limites impostos pela sociedade; assim, muitas vezes são percebidas como obstinadas, irritantes, teimosas, mandonas ou simplesmente "fora do controle" dos pais ou professores (Virgolim, 2016).

Silverman (2002) percebe a assincronia como função de um desenvolvimento que se dá de forma desigual, fora de sintonia com os pares de mesma idade cronológica, o que é responsável pela vulnerabilidade social e emocional da pessoa superdotada (como percebemos, por exemplo, na pessoa com dupla condição). Deixamos uma pergunta para sua reflexão:

> Será que as crianças superdotadas já nascem assincrônicas? Será que a vulnerabilidade emocional é marca fundamental e constituinte da superdotação?

O conceito de assincronia como parte integrante do indivíduo superdotado veio recentemente a ser debatido e criticado por duas pesquisadoras nacionais. Uma delas é Paula Sakaguti (2017), que, ao pesquisar crianças superdotadas e suas famílias, concluiu que o assincronismo se origina na falta de alteridade nas relações, que tratam o indivíduo como vulnerável, desajustado ou problemático. No seu estudo com famílias com interações qualitativamente positivas – nas quais predominam relações positivas, harmônicas, estáveis, de confiança, em que a heterogeneidade dos traços de personalidade e das diferenças apresentadas pelos filhos são respeitadas – não se percebeu a ocorrência de assincronismo. Portanto, conclui a pesquisadora que a assincronia não poderia ser vista como parte integrante da pessoa superdotada, como coloca Silverman, mas sim como parte apenas daquelas crianças que crescem em uma família disfuncional, sem apoio ou validação de sua identidade superdotada.

Na mesma linha de pensamento e base teórica, Karina Paludo (2018) pesquisou as relações ditas *assincrônicas* em um grupo de crianças superdotadas escolhidas aleatoriamente em um programa especial para as altas habilidades, com foco nas relações de amizades que elas formavam na escola. Os dados dessa pesquisadora também mostraram o assincronismo como um fator relacional, que era percebido apenas nas crianças que tinham dificuldade em fazer amizades (o que, na verdade, se constituiu num grupo muito pequeno de sua amostra). A grande maioria das crianças e dos adolescentes do seu estudo apresentavam bom ajustamento social e emocional, com fortes relações de amizade e com capacidade de estabelecer vínculos afetivos duradouros. Além disso, no estudo de Paludo, ficou evidente que o contexto social funciona como uma fonte de aprendizagem, tanto de conhecimentos de mundo quanto de conhecimentos de si mesmo, o que demarca a identidade superdotada. Paludo (2018, p. 241) conclui:

> Acredita-se que a condição comumente denominada *assincronismo* pode existir em superdotados; no entanto, a causa dessa condição não pode ser previamente condicionada à identidade superdotada. Defende-se aqui ser necessário considerar tal fenômeno a partir de um prisma interacional, contextual,

no qual se crê que as manifestações do indivíduo estão sob influência histórica e social, da inter-relação das características individuais do sujeito superdotado com o meio no qual se está inserido. Infere-se que não são os atributos *per se* do superdotado que evocam o assincronismo; antes, a ineficiência do contexto de responder e interagir com suas características e suas necessidades.

Podemos concluir, então, que o assincronismo fala da sensibilidade e da vulnerabilidade da criança ou do adolescente que não é aceito pela família, escola ou sociedade, cujas relações sociais são permeadas pela disfuncionalidade e não aceitação dos traços de personalidade da pessoa superdotada. Assim, seria a ineficiência do contexto social em atender às necessidades cognitivas, emocionais e sociais do superdotado o verdadeiro fator responsável pela manifestação do assincronismo.

5.7 A teoria de Dabrowski e as supersensibilidades

Em artigo recente de Virgolim (2016), discutimos uma teoria que está bastante presente na literatura sobre as questões afetivas e sociais da pessoa superdotada. Trata-se da teoria da desintegração positiva, de Kazimierz Dabrowski (1902-1980), psiquiatra e psicólogo polonês sobrevivente de duas grandes guerras. Parte de sua teoria deriva de sua experiência em campos de concentração nazista e parte, de sua prática clínica na Polônia, além de estudos com pessoas talentosas e criativas.

Em uma de suas obras, Dabrowski (2016) comenta como a vivência profunda da guerra, da morte e das condições sub-humanas a que as pessoas foram submetidas em campos de concentração modificaram esses indivíduos, levando-os a desenvolverem altos padrões de ética e de valores morais, alcançando um desenvolvimento emocional de nível superior. O autor conclui que, também nas pessoas superdotadas, percebemos que a intensidade das emoções, a supersensibilidade e a tendência aos extremos emocionais são partes constituintes de sua natureza física e psicológica. Essas características indicam elevada intensidade para responder aos estímulos internos e externos, o que torna os superdotados, portanto, mais intensos, sensíveis, perceptivos, imaginativos e energéticos (Daniels; Piechowski, 2009). As ideias e a teoria de Dabrowski têm sido discutidas frequentemente na literatura contemporânea sobre os aspectos afetivos da superdotação e encontram respaldo em pesquisas atuais, como as dos seguintes autores: Daniels; Piechowski, 2009; Mendaglio, 2009; Piechowski, 1997; Piechowski; Colangelo, 1984; Tieso, 2009; Tillier, 2008.

Dabrowski (2016) identificou cinco áreas nas quais essa intensidade está grandemente presente: psicomotora, sensual, intelectual, imaginativa e emocional (Daniels; Piechowski, 2009; Lind, 2001; Mendaglio, 2008; O'Connor, 2002; Silverman, 2005). Virgolim (2016) resume tais áreas da seguinte forma:

1. A **supersensibilidade psicomotora** se refere a uma alta excitabilidade no sistema neuromuscular e inclui movimento, inquietude, direcionamento e uma capacidade aumentada para ser ativo e cheio de energia; pode também incluir, como expressão de tensão emocional, fala

compulsiva, ações impulsivas, hábitos nervosos e compulsão pelo trabalho.

2. A **supersensibilidade sensual** se relaciona a refinamento, vivacidade e presença da experiência sensual, que engloba todos os sentidos; o indivíduo percebe coisas com mais detalhes, texturas e contrastes. Na tensão emocional, o indivíduo com alta sensibilidade sensual pode demonstrar alimentação compulsiva, compulsão para compras, masturbação excessiva e necessidade de estar sempre em evidência.

3. A **supersensibilidade intelectual** significa a sede de conhecimento, à descoberta, o questionamento, o amor pelas ideias e análises teóricas, a busca da verdade; no entanto, emerge negativamente como crítica excessiva (a si e aos outros) e como excesso de preocupação com a lógica e a verdade.

4. A **supersensibilidade imaginativa** corresponde à intensidade de imagens, à riqueza de associações, à facilidade para sonhar, fantasiar e inventar, dotando brinquedos e objetos com personalidade (animismo), à preferência pelo incomum e único; pode também misturar ficção e realidade e ter baixa tolerância à rotina e à repetição.

5. A **supersensibilidade emocional** diz respeito à grande profundidade e intensidade da vida emocional expressa numa grande variedade de sentimentos, que vão desde uma imensa felicidade a uma profunda tristeza ou desespero, compaixão, responsabilidade e autocrítica. Uma vida emocional tensa pode levar a expressões somáticas (dores de

estômago, mãos suadas, rosto vermelho, palpitação), medos, ansiedades, sentimento de culpa, solidão e ideias suicidas.

É natural que a sociedade perceba essas grandes sensibilidades como exageradas e que julgue estarem no controle do indivíduo. A sociedade, notadamente profissionais da saúde e professores, também tende rapidamente a concluir que essas manifestações devam ser tratadas com psicofármacos em vez de aconselhamento e psicoterapia.

Amend (2009) aponta que a falta de conhecimento das supersensibilidades e das características comuns ao grupo de superdotados pode levar a confundir as supersensibilidades com condições patológicas como TDA/H, transtorno obsessivo-compulsivo (TOC), transtorno desafiador de oposição (TDO) ou síndrome de Asperger. As consequências dessa confusão podem ser devastadoras para o indivíduo, pois podem resultar em tratamentos inapropriados, sem oportunidades para o devido crescimento emocional.

5.8 Estratégias para pais e professores

À luz dos estudos e pesquisas produzidos nas últimas décadas para o entendimento das questões emocionais que envolvem crianças superdotadas e talentosas, Robinson et al. (2002, citados por Virgolim, 2016) oferecem algumas sugestões do trabalho a ser realizado por pais, professores e educadores em geral:

(a) Fornecer escolhas educacionais apropriadas. Embora nenhuma estratégia ou programa seja igualmente apropriado para todas as crianças superdotadas, dada a heterogeneidade deste grupo, é importante fornecer outras opções ao sistema educacional tradicional;

(b) Fornecer treinamento para professores, pais, psicólogos e outros profissionais na identificação das altas habilidades e no entendimento das necessidades especiais cognitivas e afetivas deste grupo. É importante que seja entendido que os principais problemas decorrem de uma falta de adequação do ambiente às características e necessidades deste grupo;

(c) Reconhecer a grande diversidade deste grupo e responder ao indivíduo como pessoa, e não pelos estereótipos e mitos que imperam no campo; é particularmente importante reconhecer diferenças individuais entre aquelas populações que tradicionalmente não são corretamente identificadas (grupos minoritários, meninas, pessoas com dupla excepcionalidade, populações indígenas e rurais etc.) e desenvolver sensibilidade ao tipo de apoio que eles necessitam;

(d) Ajudar os indivíduos superdotados a desenvolver a resiliência. Resiliência é definida por Neihart (2002, p. 114) como "a habilidade de atingir saúde emocional e competência social a despeito de uma história pessoal de adversidades ou stress". Ajudar as crianças com altas habilidades a desenvolver fatores de proteção para lidar com as adversidades, incluindo a tomada de consciência de seus pontos fortes; a busca de mentores para suas áreas de maior competência; e o desenvolvimento de estratégias para lidar com estes fatores de risco;

(e) Desenvolver um contínuo de serviços, incluindo programas educacionais, aconselhamento psicológico e familiar, programas comunitários e outros, abarcando o ensino infantil até o universitário, de forma a atender as necessidades específicas de cada indivíduo;

(f) Advogar e defender mudanças na cultura, promovendo aceitação e respeito pelos alunos superdotados. (Virgolim, 2016, p. 120-121)

Nesse sentido, precisamos nos sintonizar com a criança ou jovem superdotado. Precisamos entender suas necessidades, em toda essa complexidade de sentimentos e vivências. Precisamos a ajudá-la a ter conhecimento de si, entender suas reações, entender seu modo de pensar o mundo. Mais do que nunca, precisamos validar seus sentimentos e ajudá-la a melhor direcionar a expressão de suas emoções.

Síntese

Neste capítulo, tratamos das questões socioafetivas da pessoa superdotada e mostramos como algumas características se tornam bem típicas desse grupo a despeito de sua heterogeneidade. Muitos dos problemas percebidos são resultado da falta de conhecimento da população (pais, professores, colegas), que deixam de reconhecer e validar esses traços de personalidade, o que leva a pessoa com altas habilidades a se sentir diferente, fora do compasso. A falta de apoio de familiares ou de professores e colegas pode levar ao assincronismo, que, embora não seja parte constituinte do superdotado, pode causar um descompasso com o mundo circundante, dando a essas pessoas a impressão de serem diferentes e, consequentemente, de estarem à margem da sociedade. Problemas socioemocionais podem ser engatilhados por falta de compreensão, de aceitação, de acolhimento, o que pode levar à depressão, à delinquência, à violência e à adoção de comportamentos defensivos para se proteger de um mundo que percebe o indivíduo como invasivo e desrespeitoso.

Nossa sociedade precisa urgentemente reconhecer as características e as necessidades afetivas da pessoa com altas habilidades/superdotação e oferecer apoio em forma de serviços e de políticas públicas para o desenvolvimento ótimo dessa população. Reconhecer, respeitar, nutrir e abraçar a diversidade da nossa população como um todo significa desenvolver potenciais e encorajar em cada uma de nossas crianças a busca do seu pleno desenvolvimento social e afetivo, para a conquista da autorrealização. Esse é, inequivocamente, um direito de todos.

Atividades de autoavaliação

1. Descreva sucintamente os cinco critérios apontados por Bloom e Krathwohl no domínio afetivo para classificar os objetivos educacionais.

2. Aponte e discuta pelo menos quatro fontes de estresse para o indivíduo superdotado. Por que é importante que o professor possa reconhecê-las?

3. Como o assincronismo é definido pela literatura e como as pesquisas mais recentes percebem esse fenômeno?

4. Quais são as cinco áreas de supersensibilidade apresentadas por Dabrowski em seus aspectos descritivos e na tensão emocional?

5. Selecione e discuta algumas das sugestões de trabalho propostas neste livro que você considere importantes, em sua prática profissional, para lidar com o mundo afetivo da pessoa superdotada.

Atividades de aprendizagem

Questões para reflexão

1. Pense nas áreas de supersensibilidade propostas por Dabrowski e descreva personagens de filmes que ilustrem cada uma delas. Destaque os aspectos mais salientes de cada personagem e reflita: Como as supersensibilidades ajudam a entender o perfil das pessoas superdotadas?

2. Pessoas superdotadas são, muitas vezes, vistas como problemáticas, fora do normal, desajustadas e esquisitas. Reflita sobre essas características e liste algumas situações em que elas aparecem. Quais sugestões você poderia dar para a família, a escola e o próprio indivíduo superdotado para lidar com esse conflito e essa visão equivocada?

Atividade aplicada: prática

1. Vimos que a taxonomia do domínio afetivo de Krathwohl fornece cinco critérios para classificar objetivos educacionais de acordo com profundidade, complexidade e habilidades de pensamento requeridas: receber, responder, valorizar, organizar e caracterizar pelo valor. Pense em uma série ou ano escolar e selecione uma área do currículo em que esses cinco princípios poderiam ser aplicados. Formule uma atividade interessante e explique como o aluno se engajaria em cada um desses critérios.

Capítulo 6
Estratégias criativo-produtivas para crianças e jovens superdotados na escola

Neste capítulo, você será levado a compreender melhor o campo da criatividade: sua definição, sua estrutura e as formas pelas quais tem sido estudada. Os principais aspectos do pensamento divergente (fluência, flexibilidade, originalidade e elaboração), discutidos anteriormente, serão focalizados com mais detalhes, o que o ajudará a pensar criticamente e desenvolver algumas atividades em sala de aula para estimular os alunos a pensar com mais criatividade.

Como já comentamos, vimos que, no decorrer das últimas décadas, a inteligência e a criatividade vêm sendo estudadas como fenômenos que ocorrem na superdotação; embora sejam construtos diferentes, é no contexto da superdotação que percebemos como eles são inseparáveis.

A criatividade é um dos mais importantes recursos da mente humana, com um papel decisivo na evolução cultural e tecnológica de qualquer época (Huang, 2009). Qualquer país que busca altos padrões de desenvolvimento e deseja competir em grau de igualdade com outros deve desenvolver a excelência. Para que as próximas gerações possam sobreviver nesse planeta e lidar adequadamente com os problemas que o futuro nos reserva, a escola deve oferecer em seu currículo as competências necessárias e levar os alunos a aprender e adquirir novas capacidades, focalizando habilidades de pensamento de ordem superior, como análise, síntese e avaliação (Gama, 2006). Nesse contexto, percebemos que o aluno superdotado é aquele que melhor condição tem de entender princípios subjacentes às disciplinas acadêmicas tradicionais e buscar aplicá-los de forma inovadora em áreas diversas, desenvolvendo soluções criativas para os problemas do amanhã.

Nos primeiros capítulos deste livro, vimos que, historicamente, a criatividade não foi inicialmente discutida ou estudada no contexto da inteligência ou mesmo da superdotação. Essa mudança só veio a ocorrer a partir da década de 1950, quando os teóricos começaram a também pesquisar a criatividade. Guilford acreditava que a escola tinha um importante papel no desenvolvimento do potencial das crianças. Torrance advogava por um ambiente no qual o pensamento divergente pudesse ser estimulado juntamente com a motivação e a emoção. Na década de 1970, Renzulli estruturava um programa de enriquecimento escolar para desenvolver a criatividade produtiva das crianças. Gardner desenvolvia testes justos para cada tipo de inteligência e acreditava que um ensino criativo ajudaria o aluno a desenvolver suas áreas fortes. Assim, o *zeigeist* do final dos anos 1980 propiciou um melhor entendimento da criatividade e seu papel preponderante no ensino tanto regular quanto especializado, o que abriu espaço para o campo.

Assim, neste capítulo, vamos entender melhor o que é a criatividade e como podemos cultivá-la no ambiente escolar.

6.1 O que é criatividade?

A criatividade é um fenômeno multifacetado e, por isso mesmo, difícil de definir. A própria literatura sobre o tema aponta para a dificuldade de se obter uma definição única, que satisfaça esse amplo campo de pesquisa. No entanto, algumas definições tocam em pontos importantes, como destacamos a seguir.

Fayga Ostrower (1920-2001), renomada artista plástica brasileira, defende que a criatividade é inerente à condição humana;

assim, todos nós somos criativos, embora em graus diferentes (Ostrower, 1990). Portanto, criar é basicamente dar forma a algo novo, o que pode acontecer em qualquer campo de atividade, e não apenas nas artes.

Paul Torrance (1915-2003), da Universidade da Georgia, destaca o processo envolvido no ato de criar. Para Torrance (1988), a criatividade abrange todos os sentidos – visão, olfato, audição, sensação e paladar – e o próprio método científico na busca de informações, na avaliação, na testagem de hipóteses e na comunicação de resultados:

> [Criatividade é] o processo de perceber dificuldades, problemas, lacunas na informação, elementos perdidos, desarmonias; fazer suposições e formular hipóteses sobre essas deficiências; avaliar e testar essas suposições e hipóteses; revisá-las e retestá-las quando for o caso; e finalmente comunicar os resultados. (Torrance, 1988, p. 47, tradução nossa)

Outra definição bastante interessante é a de Ruth Noller (1922-2008), pesquisadora do Centro Internacional para Estudos em Criatividade, da Universidade de Buffalo. Ela afirma que a criatividade é uma atitude (ou seja, uma ação ou disposição em fazer, em perceber a vida) e se refere a um produto novo, relevante pelo menos para a pessoa que o cria (Noller, 1977). Nesse processo, estão envolvidos também o conhecimento (pois não se cria do nada, há sempre algum conhecimento anterior que dá a base à nova descoberta), a imaginação (essencial para a novidade do processo) e a avaliação (a crítica ajuda a refinar o produto final). Essa definição foi elegantemente estabelecida por Noller (ex-professora de Matemática) por meio do seguinte algoritmo:

> C=fa(C,I,A)
> Em que se lê: Criatividade é função de uma atitude (que implica conhecimento, imaginação e avaliação).

Um aspecto bastante discutido por estudiosos da criatividade é a motivação para criar. Para Teresa Amabile, da Universidade de Harvard, as pessoas são mais criativas quando estão intrinsecamente motivadas no seu trabalho e demonstram um interesse apaixonado em alguma coisa, essencialmente por ser agradável, satisfatória e pessoalmente desafiadora ou atraente (Amabile, 1996). Além disso, o senso de competência (de dominar algo) e a autodeterminação (o sentimento de que a pessoa está trabalhando em algo que lhe dá prazer) são essenciais para a motivação intrínseca e para o ato de criar.

Professor de Psicologia da Universidade de Claremont, Mihalyi Csikszentmihalyi (1992) relaciona a motivação intrínseca com o estado de **fluir**, quando a pessoa encontra uma profunda alegria e motivação ao realizar uma tarefa desafiadora ou altamente engajadora. Durante a experiência de fluir, essa força motivadora leva as pessoas a se engajarem tão profundamente na atividade que elas perdem a consciência do esforço feito para se mover.

> Fluir: "[...] estado no qual as pessoas estão de tal maneira mergulhadas em uma atividade que nada mais parece ter importância; a experiência em si é tão agradável que as pessoas a vivenciariam mesmo pagando um alto preço, pelo simples prazer de senti-la" (Csikszentmihalyi, 1992, p. 17).

Feldman, Csikszentmihalyi e Gardner (1994) acreditam que não podemos estudar a criatividade isolando os indivíduos e seu trabalho do ambiente histórico e social no qual eles agem. Dessa forma, a criatividade é vista como o produto de três forças principais: o **campo** (conjunto de instituições sociais ou juízes que avaliam o grau de criatividade de uma ideia); o **domínio** (a área de conhecimento em que uma ideia criativa aparece); e o **indivíduo** (quem provoca alguma mudança no domínio, considerado criativo pelo campo). Assim, a criatividade deve ser contextualizada, pois suas várias formas são o resultado da cultura na qual os indivíduos vivem e dos recursos humanos e artefatos disponíveis para a pessoa naquele ponto do tempo.

A criatividade também é vista como algo que dá prazer, que eleva o grau de saúde emocional do indivíduo, ponto bastante enfatizado pela psicologia humanista, como defende Rollo May (1909-1994): "Criatividade é o encontro do ser humano intensamente consciente com o mundo, sendo o processo criativo a expressão da saúde emocional da pessoa no ato de realizar algo novo" (May, 1975, p. 54, tradução nossa).

6.2 Habilidades na base do construto da criatividade

Quais são as habilidades que se encontram na base da criatividade? Para entendermos, devemos examinar não só a pessoa criativa, mas o produto, o processo e o ambiente.

Figura 6.1 – Os quatro componentes da criatividade

6.2.1 O produto criativo

Geralmente, ao falarmos da criatividade, projetamos na mente um objeto ou produto que consideramos criativo. Contudo, o produto criativo ultrapassa aqueles que são físicos, tangíveis. Nesse caso, podemos incluir também o resultado da atividade de um processo criativo, por exemplo, uma mudança positiva no estilo de vida, uma forma melhor de lidar com o estresse no trabalho ou o planejamento de formas criativas de se passar o tempo. De qualquer forma, para ser considerado criativo, o produto não pode ficar apenas no reino das ideias; ele deve ser útil, mesmo que seja apenas para a pessoa que o criou (Firestien, 1993).

O'Quin e Besemer (1989) apontam a importância de três fatores para avaliar se um produto é criativo:
- **Novidade**: O produto é original? Em que grau ele atende às demandas práticas da situação ou problema?

- **Resolução**: O quanto o produto resolve o problema de forma adequada?
- **Elaboração e síntese**: Quais são os aspectos de estilo e refinamento do produto que podem ser considerados?

No entanto, são os especialistas do campo que devem ser consultados para a avaliação do produto final, segundo os critérios essenciais que cada domínio estabelece para avaliar se um produto é ou não criativo. A avaliação de um produto deve ser feita de forma construtiva, conduzida de maneira a encorajar e dar apoio a quem desenvolveu a ideia; principalmente se falamos de crianças em idade escolar, é fundamental que a avaliação crítica leve ao desenvolvimento e ao refinamento da ideia, e não ao desencorajamento do processo de criar.

Renzulli e Reis (1997) propõem um formulário ou *check list* para se avaliar o produto de crianças de forma adequada e justa, de acordo com os seguintes fatores:
- o propósito da pesquisa e a definição do problema;
- o foco do problema;
- o nível de recursos utilizados, segundo a idade/série do aluno;
- a diversidade de recursos utilizados;
- a adequação dos recursos para o tópico ou a área de estudo;
- a lógica, a sequência e a transição dos passos para uma investigação na área de estudo;
- a orientação da ação, se os propósitos são dirigidos a algum tipo de ação;
- a audiência ou público-alvo;
- a avaliação geral.

Além disso, Reis (1981, citada por Renzulli; Reis, 1997, p. 262-269, tradução nossa) propõe os seguintes critérios:

- A ideia é original?
- Os objetivos estipulados foram atingidos?
- Reflete a familiaridade com a disciplina ou tópico para um aluno daquela idade ou série?
- Reflete o nível de qualidade além do que se espera normalmente naquela idade/série?
- Reflete cuidado, atenção e detalhe e orgulho do aluno em apresentar o produto?
- Reflete o comprometimento com a tarefa em termos de tempo, esforço e energia?
- Reflete uma contribuição original para um aluno daquela idade/série?

Ao avaliarmos se um produto é criativo, devemos levar em conta seus graus ou níveis, ou seja, se é valioso no círculo afetivo da pessoa que desenvolveu o produto; se é útil para seu meio social ou se é valioso para a humanidade como um todo, conforme mostra a figura a seguir.

Figura 6.2 – Graus ou níveis para avaliar o produto

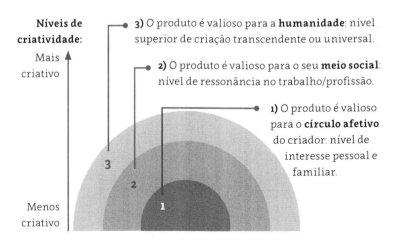

James Kaufman (2009), diretor do Instituto de Pesquisa em Aprendizagem da Universidade do Estado da Califórnia, acentua que todas as formas de criatividade são importantes, embora estejam em níveis diferentes, como mostra o esquema a seguir:

Figura 6.3 – Níveis da criatividade segundo Kaufman (2009)

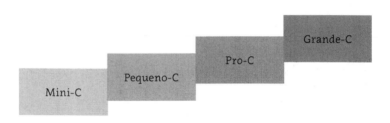

A **criatividade do tipo *mini-C*** é frequentemente encontrada em crianças e se refere a uma interpretação nova, pessoal e significativa de experiências, ações e eventos. Diz respeito a uma construção que é nova, pelo menos para o sujeito que a criou. O autor recomenda que esse tipo de criatividade deve ser nutrido e estimulado em nossas escolas desde os níveis elementares, pois ela pode levar ao desenvolvimento da criatividade em outros níveis.

Já a **criatividade do tipo *pequeno-C (little C)*** é aquela que a pessoa usa no seu dia a dia, que faz com que tenha boa pontuação em testes de criatividade e a ajuda a inventar novas ideias e soluções práticas para os problemas ao seu redor.

A **criatividade do tipo *pro-C*** corresponde ao nível *expert* de criatividade, quando a pessoa desenvolveu habilidades de pensamento e ação criativas, frutos de grande envolvimento com sua área, por uma longa trajetória de realizações pessoais, estudo deliberado, motivação e persistência.

Por fim, a **criatividade do tipo grande-C (*big-C*)** é aquela típica dos grandes gênios, cujas ideias mudaram o curso da ciência, da tecnologia ou das artes. Ao pensarmos nesses quatro níveis, podemos entender a criatividade sob um ponto de vista desenvolvimental, que começa com o nível *mini-C* (por exemplo, a criança sendo estimulada na escola ou na família), evolui para o *pequeno-C* (a pessoa colocando em prática suas ideias criativas em seu trabalho), depois chega ao *pro-C* (tornando-se *expert* em algum campo do conhecimento, como computação, artes, ciências, fotografia etc.) e, finalmente, atinge um patamar de excelência e de contribuição ímpar à sociedade, o *grande-C*.

Portanto, podemos estimular a criatividade que existe em todos nós, em maior ou menor grau, num determinado campo de conhecimento. Essa é uma nobre tarefa que cabe a nós, professores, se quisermos levar nossos alunos em direção à excelência em sua área de interesse.

6.2.2 A pessoa criativa

Outra forma de avaliarmos a criatividade é considerá-la pelo viés da pessoa criativa, ao analisarmos seus traços de personalidade e aspectos do seu interesse e de motivação. Wechsler (2008, p. 53) sinaliza que a realização do potencial criativo depende do motivo (o desejo de ser criativo; a crença de que todos nós podemos ser criativos); dos meios (as habilidades necessárias para criar em algum campo, dominando os conhecimentos e a linguagem desse campo); e da oportunidade (ter consciência de que se pode criar oportunidades e lidar com as pressões do ambiente contra a criatividade). Todo indivíduo está inserido em um ambiente cultural, no qual o comportamento criativo pode se manifestar de formas diferentes; assim, a criatividade precisa ser nutrida para além das barreiras culturais existentes.

A autora também aponta para as seguintes características da pessoa criativa, de acordo com as pesquisas nessa área (Wechsler, 2008, citado por Virgolim, 2014c):

- **Fluência**: Ser capaz de gerar grande número de ideias ou de soluções para uma situação específica.
- **Flexibilidade de ideias**: Ser capaz de mudar de perspectiva ao olhar um problema.
- **Ideias originais e inovadoras**: Quebrar os padrões habituais de pensar; produzir ideias novas, incomuns; estabelecer conexões distantes e indiretas; dar respostas infrequentes e originais.
- **Sensibilidade externa e interna**: Descobrir falhas na informação dada ou adquirida; a sensibilidade interna permite perceber sentimentos de desconforto interno e querer mudar.
- **Fantasia e imaginação**: Engajar-se em pensamento imaginativo; brincar, usar a fantasia para a resolução de conflitos.
- **Abertura a novas experiências, independência de julgamentos e inconformismo**: Ver o que é comum sob outros pontos de vista; acreditar nas próprias ideias, mesmo que os outros não as apoiem; ser capaz de resistir à pressão da sociedade para se pensar de uma determinada maneira, valorizando suas ideias e demonstrando autonomia.

- **Uso de analogias e combinações incomuns**: Fazer novas conexões e associações de ideias; brincar com ideias, formas, cores e conceitos, a fim de se conseguir justaposições improváveis; fazer associações diferentes e incomuns.
- **Ideias enriquecidas e elaboradas**: Transformar uma ideia em um produto final; ser capaz de chegar ao trabalho final privilegiando a estética, planejando e harmonizando cada detalhe para formar um todo novo.
- **Preferência por situações de risco, motivação e curiosidade**: Aceitar desafios; persistir em busca de soluções diferentes para um problema, buscando caminhos novos e desafiadores; ultrapassar medos e barreiras; confiar em si mesmo.
- **Humor, impulsividade e espontaneidade**: Ter prazer de brincar com as ideias, justapondo conceitos distantes entre si, combinando elementos de maneiras incomuns, inesperadas e engraçadas; prevalecer-se de uma atitude brincalhona; usar a espontaneidade física, comuns em mímicas, jogos não estruturados, dramatizações; fazer uso da espontaneidade social, buscando uma maneira relaxada de lidar com o ambiente, assim como da espontaneidade cognitiva, utilizando-se da brincadeira imaginativa.
- **Confiança em si mesmo e sentido de destino criativo**: Confiar em si mesmo e em seus recursos internos; ter autoconceito positivo; acreditar em suas próprias ideias e crer que elas têm um valor próprio, que deve ser dado à humanidade; por estar apaixonado por uma ideia, não medir esforços para atingir seus objetivos criativos.

Entendemos que essas características podem e devem ser desenvolvidas nos diferentes contextos de vida do indivíduo, como na família, na escola e no trabalho, e que as atitudes que predispõem a pessoa a criar devam ser nutridas desde a mais tenra idade. Uma criança valorizada pelas suas ideias e sua imaginação, pela sua curiosidade e suas atitudes criativas, e que encontra um ambiente de liberdade de expressão é mais motivada para criar, o que é altamente positivo para a prevenção de desajustes emocionais e cognitivos e para a manutenção de um autoconceito positivo.

6.2.3 O processo criativo

O processo criativo, ou criador, é único para cada indivíduo. Pesquisadores têm buscado entender a forma peculiar como cada pessoa cria, com a busca de dados para compreender as fases ou os estágios que culminam em uma produção criativa. Um desses estudiosos, o psicólogo social inglês Graham Wallas (1858-1932), propôs, em 1926, quatro fases distintas para o entendimento desse processo, a que denominou *preparação, incubação, iluminação* e *verificação*, e que continua a ser um dos mais citados na literatura nos dias atuais (Herrmann, 1993). Vejamos as fases:

1. **Preparação**: Essa fase é a inicial e muitas vezes não notada, mas que se estabelece como fundamental para se criar. Ante um determinado problema, a pessoa parte para a busca de um maior número de informações sobre o assunto ou problema. Nessa fase, o criador define a questão, observa, estuda e se aprimora. Por exemplo, a pessoa quer escrever um livro sobre criatividade para crianças. Ela lê sobre o

assunto, busca informação na internet, entrevista pessoas criativas, estuda casos peculiares e biografias de pessoas famosas, conversa com crianças e professores. A depender do tipo de problema ou área, a preparação pode levar dias, meses ou anos para que a pessoa se sinta pronta para enfrentar o problema; no caso, até sentir que está pronta para escrever.

2. **Incubação**: Nessa fase, a pessoa passa por um afastamento consciente em relação ao problema, levando a mente a se desligar, deixando o problema de lado por um tempo. Cada um tem uma forma de praticar esse distanciamento, por exemplo, descansando ou fazendo alguma atividade rotineira, deixando que o problema seja trabalhado no nível inconsciente. No exemplo dado, o título do livro ou a organização dos capítulos pode vir por meio de um sonho, ou no banho, ou enquanto dirige.

3. **Iluminação**: Ao contrário do que as pessoas comumente pensam, as ideias ocorrem apenas à mente preparada, que fornece a base para uma resposta criativa. Essa fase pode ocorrer em momentos inesperados e de forma repentina e rápida, o que permite visualizar uma solução ou parte da solução para o problema. É em alusão a essa fase que a mídia associa a iluminação à figura de uma lâmpada acesa sobre a cabeça do criador. Nesse contexto, surge a clássica expressão de Arquimedes: Eureka! A pessoa começa a ter *insights* para o problema e maior clareza das ideias, conseguindo organizá-las de forma lógica.

4. **Verificação**: É a fase final. Ao ter a ideia solucionadora (digamos, a escrita do livro sobre criatividade), a pessoa começa a organizar o problema inicial e procura demonstrar se

a ideia que emergiu da fase de iluminação satisfaz o problema e os critérios definidos no estágio de preparação. Para o sucesso dessa fase, analisam-se e consideram-se as possíveis reações das pessoas e levam-se em conta opiniões, críticas, julgamentos e avaliações sobre o problema.

Figura 6.4 – Os quatro estágios do processo criativo segundo Wallas

É interessante notarmos que o modelo de Wallas, embora concebido nas primeiras décadas do século passado, reflete as pesquisas que se seguiram sobre o processo de criar. Por exemplo, o estudioso constatou que o pensamento criativo e o analítico são complementares, e não opostos.

O processo criativo começa com uma preparação, que é um processo analítico e envolve planejamento e organização. À medida que as ideias são concebidas, o criador pode lançar mão de processos menos estruturados de pensamento, como "brincar" com as ideias, fazer associações inusitadas, "pegar carona" em ideias alheias, utilizar indícios de um sonho e considerar alternativas incomuns. No desenvolver do processo, há um *insight*, que prepara o criador para uma escolha consciente; assim, na verificação ele se utiliza novamente de processos estruturados, como critérios para escolher entre ideias e para julgar e determinar o valor da ideia diante do ambiente sociocultural. Pesquisas sugerem que pensadores criativos estudam e analisam, mas também treinam seus mecanismos de percepção para perceber coisas que os outros não reparam. Pensadores criativos verificam e julgam, porém esperam surpresas e evitam o julgamento prematuro (Herrmann, 1993).

> "Cientistas descobriram que a resposta para um problema não vem na hora, quando o cérebro está cansado. [...]
> Uma atividade que exija demais do cérebro também não é a resposta. O melhor é se ocupar com algo que não seja muito desafiador. Como, por exemplo, separar os brinquedos por cor. Arrumar a casa, cuidar do jardim, lavar a louça. Anotou? Lavar a louça pode te deixar mais criativo." (Pesquisas..., 2014)

O desenvolvimento de pesquisas na área sugere que é possível aumentar o potencial criativo das pessoas por meio de técnicas que a ajudem a ver o mundo sob outras perspectivas. Ao entender o próprio processo de criar, a pessoa pode ser incentivada a usar o pensamento inconsciente, fora do convencional, que se mostra fundamental para fazer brotar boas ideias. Como ter boas ideias?

Chrysikou (2013) recomenda um uso mais consciente do processo de criar. Por exemplo, cultivar uma mente aberta, o máximo possível livre de regras e autocensura. Essa atitude é importante no processo inicial de gerar ideias. Quando procuramos respostas para um determinado problema, é importante não julgar as ideias (nem as nossas, nem as de outras pessoas), já que "pegar carona" nas ideias dos outros pode promover uma mudança ou um ponto de vista diferente.

Para sermos criativos, não devemos nos ater apenas ao conhecimento acumulado, mas também estarmos abertos às novas experiências. Devemos mudar o nosso jeito de ver e utilizar objetos. Devemos procurar descrever objetos sob uma perspectiva incomum. Precisamos desligar um pouco do problema, deixando a mente vagar, ou deliberadamente buscar uma distração, de preferência algo não relacionado ao problema. Devemos nos distanciar no tempo e ultrapassar o nosso medo de correr riscos.

Chrysikou (2013, p. 14) recomenda atenção a algumas atitudes cotidianas e a adoção de certos comportamentos, ações que podem ampliar a capacidade criativa. Vejamos quais são elas:

- Torne-se um especialista. Ter uma base sólida de conhecimentos facilita o acesso às ideias e pode ajudá-lo a avaliar a relevância do problema.
- Observe. Ao tentar criar um serviço ou produto novo, pesquise cuidadosamente se já existe algum disponível e os problemas que enfrenta.
- Conheça seu público. Coloque-se no lugar do outro, faça perguntas que os outros lhe fariam.
- Saia da zona de conforto. Procure atividades fora de sua área de especialidade; viaje para outros lugares, assista aulas ou leia livros sobre temas diferentes do que está acostumado. Experiências novas desencadeiam pensamentos criativos.
- Esteja disposto a trabalhar sozinho. Fazer *brainstorming* em grupo favorece a sintetização de ideias, mas é mais eficiente se você iniciar o processo sozinho.

- Discuta seu trabalho com pessoas de fora. Uma perspectiva nova pode ajudá-lo a ver soluções alternativas ou falhas em sua ideia.
- Divirta-se. Bom humor favorece associações remotas. Procure acalmar-se e buscar a concentração com músicas calmas e relaxantes.
- Faça um intervalo. Deixe a mente vagar. Dormir ou sonhar acordado pode levar pensamentos inconscientes a trabalhar na solução de um problema. Procure ocupar a mente com tarefas diferentes daquelas relacionadas ao problema.
- Desafie-se. Tenha planos A, B, C, D... Fuja da rotina. Aprimore a ideia inicial e procure novas possibilidades.
- Peça emprestado. Valorize o sucesso de outras pessoas e procure conhecer outras soluções e aprender com elas; procure reconhecer as boas ideias onde for que elas apareçam.

6.2.4 O ambiente criativo

Quando falamos de um ambiente ou clima criativo, podemos nos referir a vários aspectos, que vão desde o ambiente psicológico da pessoa até o aspecto mais externo e global. O ambiente criativo pode incluir: o estado ou a situação em que a pessoa se encontra; o grupo em que ela está; as condições de uma família, escola ou comunidade; a atmosfera de uma organização; o ambiente cultural; ou mesmo o ambiente mais global (Isaksen, 2009).

> "A definição de ambiente criativo inclui condições físicas, forças invisíveis da história e da tradição e valores e normas implícitos e explícitos" (Isaksen, 2009, p. 183, tradução nossa).

Ao pensarmos no ambiente escolar, qual seria o tipo de escola mais favorável à criatividade? Sabemos que o ambiente mais estimulante para a criatividade das crianças é aquele que fornece, ao mesmo tempo, limites e regras estáveis, mas que podem ser flexibilizadas de acordo com a situação. Esses dados foram encontrados em uma pesquisa (Virgolim, 2007b) na qual se buscou entender em que tipo de escola (aberta ou tradicional) as crianças seriam mais criativas e em qual teriam um melhor autoconceito. Escolas abertas foram definidas como aquelas em que havia um estilo de ensino que envolvia flexibilidade de espaço, escolha de atividades feita pelo próprio estudante, riqueza de materiais de aprendizagem, integração entre as diferentes áreas do currículo e instrução baseada em pequenos grupos. Escolas tradicionais foram aquelas em que se exigiam mais disciplina, organização e memorização e havia atividades guiadas pelo professor.

O estudo apontou, no entanto, que as **escolas intermediárias** (que apresentavam características dos dois tipos) eram as que mais desenvolviam a criatividade dos alunos e nas quais eles mostravam um maior autoconceito e uma ideia positiva de si mesmos. Essas escolas se caracterizavam por um ambiente bastante estimulador, no qual, ao mesmo tempo em que indicavam os limites e as regras, também ofereciam ao aluno oportunidades para questionar, discordar, propor soluções alternativas, brincar com ideias, manipular materiais diversos e divulgar tanto suas ideias quanto suas produções.

O aluno gosta mais da escola quando:

tem diferentes opções de atividades, podendo manipular diferentes tipos de materiais e se envolver em diferentes atividades;

a. pode fazer escolhas significativas quanto ao tipo de atividade na qual deseja se engajar, com ampla liberdade de movimentos, tendo suas escolhas respeitadas pelo professor;
b. pode propor seus próprios problemas e determinar a maneira como quer resolvê-los, encontrando no professor encorajamento e condições propícias à sua exploração;
c. pode compartilhar suas descobertas com seus pares, estabelecendo com eles trocas significativas;
d. percebe que o professor acredita e confia nele e em suas reais capacidades, podendo responder ao encorajamento com um comportamento positivo, maduro e construtivo;
e. o clima que encontra é de regras consistentes e claras. (Barth, 1970, citado por Virgolim, 2007b, p. 40)

A literatura também aponta para a importância do clima educacional de uma sala de aula, assim como dos métodos instrucionais utilizados pelo professor, que têm o poder de estimular ou inibir a expressão criativa dos alunos. Para estimular a criatividade, o professor deve adotar métodos de ensino que promovam o pensamento independente e a curiosidade e que requeiram o emprego de diferentes habilidades intelectuais.

Portanto, para favorecer o surgimento de ideias criativas, precisamos de um ambiente que promova um estado mental estimulante para o cérebro. Para isso, a pessoa precisa se sentir receptiva, descontraída, bem-humorada e livre de controle externo. Para desenvolvermos um estado mental criativo, precisamos inicialmente relaxar e buscar o uso intuitivo do conhecimento e da experiência interiores; em etapas posteriores, a mente intelectualizada, focada e intencional torna-se fundamental (Claxton; Lucas, 2005).

Estimular o desenvolvimento da criatividade nas crianças envolve afetar seu ambiente social, com implicações para a família e para a escola. Reflete Stein (1974) que os maiores obstáculos aos esforços criativos das crianças são aqueles provenientes de ambientes onde ela não se sente apoiada e valorizada em suas ideias e produções. É nos ambientes afetivos, onde ela encontra validação e apoio às suas ideias, brincadeiras, pensamentos e produções, que a criatividade talvez encontre um solo mais fértil para brotar e se desenvolver.

6.3 Componentes do ensino efetivo

A criatividade da criança pequena é aparente quando ela entra na escola: constantemente inventa coisas novas e utiliza sua imaginação nos jogos e nas brincadeiras. O ambiente de ensino, que inicialmente é informal e de pouca estrutura, vai a cada ano se tornando mais formal, mais direcionado à aprendizagem de conceitos e de regras escolares e à busca da resposta certa. Assim, por volta do quinto ano, como demonstram pesquisas em vários países, a criatividade sofre um declínio.

Para que esse panorama mude, o professor dos anos iniciais deve ensinar a criança a usar o pensamento convergente para chegar à resposta correta, a uma conclusão comum, mas também deve dar oportunidades para que, em várias situações do dia a dia escolar, ela possa pensar de forma divergente, produzindo ideias originais e diferentes. Isso implica ensinar a criança a entender as diferenças entre os dois tipos de pensamento e quando usar de forma apropriada cada um deles.

Cray-Andrews e Baum (1996) apontam três componentes essenciais para que o ensino da criatividade seja efetivo: o ambiente, que deve estimular a criança a usar suas habilidades criativas de resolução de problemas; o indivíduo, que deve apresentar uma prontidão emocional para lidar com o desafio e para desenvolver os aspectos básicos da criatividade (fluência, flexibilidade, originalidade e elaboração); e o currículo, que permite ideias criativas, imaginativas e originais.

Assim, para um ensino mais criativo e estimulador, o professor precisa modificar sua postura autoritária para adotar uma atitude de facilitador. Wechsler et al. (2007) apontam para 11 características do professor nesse processo:

1. Ser apaixonado por sua área de ensino.
2. Estar aberto a novas ideias.
3. Aceitar quebrar hábitos e tradições.
4. Ser uma pessoa ousada.
5. Confiar nas suas ideias.
6. Descobrir seus próprios talentos.
7. Estar disposto a se divertir com seus alunos.
8. Permitir que sejam apresentadas ideias diferentes das suas.
9. Conseguir ser um bom ouvinte.
10. Priorizar os elogios às críticas.
11. Propor atividades que estimulam a imaginação.

No mesmo sentido, Amabile (1989) lista os aspectos de uma filosofia que encoraja a criatividade na sala de aula:

- Aprender é muito importante e pode ser muito divertido.
- A sala de aula deve ser um local no qual a criança se sinta confortável e estimulada, sem tensão ou pressão.
- É melhor cooperar do que competir.

- A sala de aula é responsabilidades de todos e todos devem cooperar para sua organização.
- Limites são importantes. As regras em sala de aula devem ser estabelecidas conjuntamente entre alunos e professores, preservando a atmosfera criativa.
- Alunos devem respeitar seus professores, sentindo-se confortáveis em sua presença.
- O ambiente deve permitir que os alunos se sintam livres para discutir seus problemas com professores e colegas.
- O professor deve deixar muito claro as áreas nas quais não há respostas certas nem erradas e nas quais as opiniões diferentes, os estilos distintos de pensar e as abordagens diversas são igualmente válidos.
- Experiências de aprendizagem devem ser relacionadas ao mundo real sempre que possível, a fim de que faça sentido para a criança.
- A aprendizagem é mais fácil quando relacionada às áreas fortes de cada um.
- Cada aluno tem seu estilo preferencial de aprender; a tolerância à adversidade deve ser estimulada.

6.4 Desenvolvimento de habilidades básicas do pensamento criador

Vimos os fatores que levam à criatividade, segundo os aspectos da pessoa, do produto, do processo e do ambiente criativos. Também relacionamos quatro aspectos fundamentais que estão na base da criatividade:

1. **Fluência**: Capacidade de dar inúmeras respostas a um problema.
2. **Flexibilidade**: Capacidade de dar respostas alternativas e variadas.
3. **Originalidade**: Capacidade de dar respostas inusitadas, que ninguém ainda pensou.
4. **Elaboração**: Capacidade de desenvolver uma ideia em seus detalhes.

Vamos brincar com nossas ideias?

Nos quadros seguintes, há uma proposta para desenvolver cada uma dessas habilidades. Escolha uma ideia de cada quadro para desenvolver; utilize dez minutos para cada tarefa. Ao final, compare suas ideias com a de seus colegas ou familiares.
Se você puder realizar essas atividades em grupo, melhor ainda. Apenas atente para estas quatro regrinhas:
1. Dê muitas ideias! Nunca fique com uma ideia apenas.
2. Dê ideias diferentes e inusitadas, que ninguém ainda pensou.
3. Não critique suas ideias nem a dos outros. Em vez disso, pegue carona na ideia alheia.
4. Brinque com suas ideias! Ideias loucas e divertidas são muito bem-vindas.

Ao final, reflita: A que conclusão você pode chegar a respeito do seu potencial criador?

Uso do meu pensamento criador – fluência

Fluência é a habilidade de pensar em muitas respostas para uma questão; de listar muitas soluções possíveis para um problema; ou de gerar um grande número de respostas. Escolha uma das propostas a seguir para trabalhar. Pense no maior número de ideias que puder e dê muitas respostas diferentes, interessantes e bem-humoradas.

- Pense em várias razões para não ir à escola (ou trabalho) de manhã.
- Pense em milhares de usos diferentes para uma escola abandonada.
- Faça uma lista de jogos criativos para crianças de cinco anos de idade.
- Faça uma lista de todas as coisas ao seu redor que precisam de melhoria.
- Pense em muitos usos incomuns para a pasta de dente.

Uso do meu pensamento criador – flexibilidade

Flexibilidade é a habilidade de mudar a forma de pensar sobre um problema ou situação; pensar em ideias alternativas; adaptar-se a diferentes situações.

Escolha uma das propostas a seguir para trabalhar. Pense no maior número de ideias que puder e dê muitas respostas diferentes, interessantes e bem-humoradas.

- Invente formas interessantes e diferentes de limpar o jardim da sua casa.
- Liste todas as formas diferentes de usar um telefone e uma lâmpada juntos.

(continua)

(continuação)

- Liste todas as diferentes formas de assustar um ladrão.
- Crie novos usos para rolhas de garrafas de vinho.
- Invente diversas formas de vender pizza.

Uso do meu pensamento criador – originalidade

Originalidade é a habilidade de pensar em ideias, respostas e estilos incomuns; de criar coisas novas, diferentes e únicas; de dar respostas infrequentes e não usuais; de ter ideias que ninguém mais teve.

Escolha uma das propostas a seguir para trabalhar. Pense no maior número de ideias que puder e dê muitas respostas diferentes, interessantes e bem-humoradas.

- Pense em diferentes formas de se divertir em uma minúscula cidade do interior.
- Invente diversos tipos de convites para o *happy hour*.
- Procure uma solução agradável para transformar um açougue.
- Invente seu próprio código não verbal para pedir *socorro*.
- Crie uma nova canção de aniversário.
- Invente novas formas de vender alguma coisa que ninguém quer comprar.

Uso do meu pensamento criador – elaboração

Elaboração é a habilidade de expandir uma ideia adicionando detalhes; clarificar ou melhorar uma ideia trabalhando seus aspectos constitutivos; desenvolver uma ideia, uma resposta, um estilo etc. dando seus detalhes.

(conclusão)

Escolha uma das propostas a seguir para trabalhar. Pense no maior número de ideias que puder e dê muitas respostas diferentes, interessantes e bem-humoradas.

- Invente ou adapte uma peça sobre instrumentos musicais; descreva as características de seus personagens em todos os seus detalhes, de forma que seus colegas possam encená-la em sala de aula.
- Você ganhou um *hamster* muito bonitinho e inteligente, que veio em uma pequena gaiola. Pense em um ambiente agradável e enriquecedor para esse animalzinho e dê todos os detalhes para a nova gaiola que você inventou; descreva como será a vida dele nesse ambiente.
- Desenhe uma história em quadrinhos para ilustrar a viagem dos seus sonhos.
- Descreva e crie capinhas de celular personalizadas de acordo com diferentes tipos de personalidade (um jogador de futebol; uma atriz de cinema; um músico; um treinador de cães etc.).
- Adicione detalhes ao mapa de um castelo onde você vai fazer sua festa de aniversário, de forma que seus amigos encontrem facilmente o local da comemoração.

Síntese

Educar com criatividade é fundamental. Como mostramos neste capítulo, ter a consciência do processo criador de cada um e entender a criatividade para além do âmbito da pessoa significam considerar o ambiente e as possibilidades de criação. Do exposto, podemos dizer que nossa capacidade para lidar com os desafios da vida está intimamente ligada à nossa criatividade. Mas, para isso, precisamos de uma atmosfera de liberdade psicológica, de flexibilidade e de busca consciente do prazer de realização; portanto, essa procura deve estar vinculada também aos objetivos educacionais.

Podemos concluir, então, que um ambiente estimulador e ideal para a aprendizagem seria aquele no qual as crianças procurariam, desde pequenas, estabelecer suas próprias metas, ultrapassar seus próprios limites, buscar satisfação em suas atividades diárias e aprender a assumir responsabilidades por suas próprias opções, fortalecendo sua autoestima num processo fluídico. Esses seriam, em última análise, objetivos de vida pelos quais o ser humano deveria lutar para alcançar sua autorrealização, o que está plenamente condizente com as abordagens teóricas desenvolvidas neste livro.

Atividades de autoavaliação

1. Várias são as definições de *criatividade*. Quais fatores se destacam nessas definições?

2. O que devemos levar em conta ao avaliar se um produto é criativo? Em que níveis ele pode ser avaliado?

3. Descreva pelo menos seis características da pessoa criativa de acordo com as pesquisas da área.

4. Quais são as etapas do processo criativo segundo Wallas?

5. Como o professor pode tornar um ambiente de sala de aula mais criativo e prazeroso para o aluno?

6. Quais são os componentes essenciais para que o ensino da criatividade seja efetivo?

Atividades de aprendizagem

Questões para reflexão

1. A criatividade é importante na nossa vida profissional; no entanto, no decorrer de nossa vida, encontramos barreiras de natureza pessoal e cultural que nos impedem de ser mais criativos. Pense na sua própria trajetória de vida e liste os tipos de barreira que você tenha, porventura, encontrado em seu caminho.

2. Você se lembra da sua escola quando era pequeno ou nas séries iniciais? Como você percebia a escola nessa época? Quem eram seus professores e quais as melhores lembranças que você tem deles? Você se lembra de ser recompensado por suas ideias criativas e por sua imaginação?

3. Reflita sobre a sua vida no ensino fundamental e sobre tudo o que fazia você feliz. Depois, compare com seus sentimentos da escola no ensino médio. O que mudou quanto a sua imaginação, sua criatividade e sua liberdade de fazer escolhas? Forme um grupo de estudos e discuta recomendações para um ensino mais criativo e, quem sabe, mais feliz.

Atividade aplicada: prática

1. Escolha uma das seguintes atividades para realizar:
   a) Faça um acróstico com a palavra *criatividade* de forma a salientar os aspectos teóricos importantes dessa habilidade.
   b) Componha a letra de uma música que contenha as palavras: *superdotado, criativo, diferente, irreverente, produtivo* e *inventivo*.
   c) Dê a sua receita especial de criatividade.
   d) Escreva uma *Oração do Criador*.
   e) Faça um desenho que explique os processos criativos que você utiliza no seu dia a dia.
   f) Elabore uma equação matemática para explicar os processos de criação.

Considerações finais

Como bem colocamos no início deste livro, o século XX trouxe, em seu desenrolar, uma mudança significativa no entendimento do ser humano. A inteligência, inicialmente concebida como um atributo da alma, passou, paulatinamente, a incorporar conceitos como percepção e sensação e, além desses, memória, raciocínio, julgamento e pensamento. O teste de inteligência criado por Binet e Simon no início do século permitiu uma investigação mais aprofundada desse conceito e abriu as portas para os primeiros estudos sobre a inteligência superior.

Um grande interesse passou a ser demonstrado com relação aos indivíduos com potencial superior, que, em meados do século XX, começaram a ser percebidos como a *salvação da pátria* (literalmente). Com o advento da Guerra Fria e o lançamento do foguete Sputnik, que colocaria na órbita terrestre o primeiro satélite artificial da Terra, o que deu certa superioridade aos russos na corrida tecnológica, os Estados Unidos viram a necessidade de investir grandes recursos na educação dos superdotados, objetivando contar com suas mentes brilhantes para garantir a superioridade da nação.

Desse modo, a indústria dos testes psicológicos prosperou naquele país e se propagou mundo afora. As escolas criaram programas para o desenvolvimento de potenciais, e os pesquisadores fizeram grandes progressos no entendimento da inteligência. Grandes congressos e simpósios foram realizados para discutir a inteligência; revistas científicas especializadas tratavam de publicar os trabalhos mais relevantes e as principais descobertas.

Estudiosos como Piaget e Vygotsky ampliaram a visão da inteligência e sugeriram testes e atividades a serem desenvolvidos na escola para o desenvolvimento da capacidade cognitiva, da afetividade e da socialização infantil. Para ampliar ainda mais esse escopo, pesquisadores viram a necessidade de incluir outros construtos no entendimento da inteligência, como foi o caso da criatividade, por sugestão de Guilford, que ocupava a presidência de uma das maiores associações para os estudos psicológicos, a Associação de Psicologia Americana (APA).

Na esteira dos resultados publicados pelas pesquisas longitudinais pioneiras de Terman e Hollingworth – cujos dados, ao longo das décadas que se seguiram, sugeriam fatores não cognitivos para explicar a natureza da inteligência, com consequências para o campo da superdotação –, surgiram outros estudos, como os de Gardner, Sternberg e Renzulli, contemporâneos responsáveis pelas três maiores teorias no campo. Aos estudos de Gardner, um dos primeiros a sugerir a presença de múltiplos fatores na inteligência, incluindo as inteligências pessoais, foi também incorporada a inteligência emocional, estudada originalmente por Salovey e Meyer e propagada por Goleman. Os aspectos sociais e afetivos das pessoas superdotadas foram colocados em relação de igualdade com o aspecto cognitivo, trazendo reflexões e levando a novas pesquisas na área.

Nos dias atuais, já na primeira década do século XXI, o foco se dirige ao bem maior, o capital social e a liderança ética; assim, a psicologia positiva vem finalmente estudar o que torna os homens felizes, realizados e produtivos. A criatividade, agora incorporada à noção ampliada da inteligência, vem fornecer aos professores nova forma de ver, compreender e lidar com nossas mentes mais brilhantes e criativas no espaço escolar. Esperamos que todas essas informações tenham sido úteis para você e sua formação e que você possa ser um multiplicador dessas ideias, buscando potenciais em sala de aula, permitindo que mais crianças e jovens sejam identificados, desenvolvidos em todas as suas possibilidades e levando nosso país a um maior desenvolvimento, rumo a um mundo melhor para todos!

Referências

AFETIVIDADE. In: **Significados**. Disponível em: <https://www.significados.com.br/afetividade/>. Acesso em: 30 set. 2018.

ALENCAR, E. M. L. S. de. **Psicologia e educação do superdotado**. São Paulo: EPU, 1986.

ALENCAR, E. M. L. S. de; FLEITH, D. de S. **Superdotados**: determinantes, educação e ajustamento. 2. ed. São Paulo: EPU, 2001.

ALENCAR, E. M. L. S. de; VIRGOLIM, A. M. R. Dificuldades emocionais e sociais do superdotado. In: ALENCAR, E. M. L. S. de (Org.). **Criatividade e educação dos superdotados**. Petrópolis: Vozes, 2001. p. 174-205.

ALTMAN, R. Social-Emotional Development of Gifted Children and Adolescents: a Research Model. **Roeper Review**, v. 6, n. 2, p. 65-68, Nov. 1983.

AMABILE, T. M. **Creativity in Context**. Boulder: Westview Press, 1996.

_____. **Growing up Creative**: Nurturing a Lifetime of Creativity. Buffalo: Creative Education Foundation Press, 1989.

AMEND, E. R. Dabrowski's Theory: Possibilities and Implications of Misdiagnosis, Missed Diagnosis, and Dual Diagnosis in Gifted Individuals. In: DANIELS, S.; PIECHOWSKI, M. M. (Ed.). **Living with Intensity**: Understanding the Sensitivity, Excitability, and Emotional Development of Gifted Children, Adolescents, and Adults. Scottsdale: Great Potential Press, 2009. p. 83-103.

ARMSTRONG, J. M. After the Ascent: Plato on Becoming Like God. **Ancient Philosophy**, v. 26, p. 171-183, 2004. Disponível em: <http://philpapers.org/archive/ARMATA>. Acesso em: 29 set. 2018.

BAR-ON, R. The Bar-On Model of Emotional-Social Intelligence (ESI). **Psicothema**, n. 18, p. 13-25, 2006. Disponível em: <http://www.eiconsortium.org/reprints/bar-on_model_of_emotional-social_intelligence.htm>. Acesso em: 29 set. 2018.

BAR-ON, R.; MAREE, J. G. In Search of Emotional-Social Giftedness: A Potentially Viable and Valuable Concept. In: SHAVININA, L. V. (Ed.). **International Handbook on Giftedness**. Gatineau: Springer, 2009. p. 559-570.

BARTH, R. S. When Children Enjoy School: Some Lessons from Britain. **Childhood Education**, n. 46, p. 195-200, 1970.

BAUM, S. An Enrichment Program for Gifted Learning Disabled Students. **Gifted Child Quarterly**, v. 32, n. 1, p. 226-230, 1988.

_____. Meeting the Needs of Learning Disabled Gifted Students. **Roeper Review**, v. 7, p. 16-19, 1984.

BAUM, S.; OWEN, S. V. High Ability/Learning Disabled Students: How are They Different? **Gifted Child Quarterly**, v. 32, n. 3, p. 321-326, 1988.

BAUM, S.; OWEN, S. V.; DIXON, J. **To Be Gifted and Learning Disabled**: from Identification to Practical Intervention Strategies. Mansfield: Creative Learning Press, 1991.

BENJAMIN JR., L. T. The Birth of American Intelligence Testing. **Monitor on Psychology**, v. 40, n. 1, 2009. Disponível em: <https://www.apa.org/monitor/2009/01/assessment.aspx>. Acesso em: 29 set. 2018.

BERNAL, E. M. Multicultural Assessment. In: KERR, B. (Ed.). **Encyclopedia of Giftedness, Creativity, and Talent**. Thousand Oaks: Sage Publications, 2009. p. 594-597. v. 2.

BETTS, G. T.; NEIHART, M. F. Eight Effective Activities to Enhance the Emotional and Social Development of the Gifted and Talented. **Roeper Review**, v. 8, n. 1, p. 18-23, 1985.

BINET, A. **New Methods for the Diagnosis of the Intellectual Level of Subnormals**. 1905, 1916. Disponivel em: <http://psychclassics. yorku.ca/Binet/binet1.htm>. Acesso em: 29 set. 2018.

BLOOM, B. S. (Ed.). **Developing Talent in Young People**. New York: Ballantine, 1985.

BLOOM, B. S. et al. **Taxonomy of Educational Objectives**: The Cognitive Domain. New York: Longman, 1956.

BOCK, A. M. B.; FURTADO, O.; TEIXEIRA, M. L. T. **Psicologias**: uma introdução ao estudo de psicologia. 13. ed. São Paulo: Saraiva, 1999.

BORLAND, J. H. IQ Tests: Throwing out the Bathwater, Saving the Baby. **Roeper Review**, v. 8, n. 3, p. 163-167, 1986.

BRASIL. Ministério da Educação. Conselho Nacional de Educação. Câmara de Educação Básica. Resolução n. 2, de 11 de setembro de 2001. **Diário Oficial da União**, Brasília, DF, 14 set. 2001. Disponível em: <http://portal.mec.gov.br/cne/arquivos/pdf/CEB0201.pdf>. Acesso em: 29 set. 2018.

BRASIL. Ministério da Educação. Secretaria de Educação Especial. **Política Nacional de Educação Especial**. Brasília, 1994.

_____. **Subsídios para a organização e funcionamento de serviços de educação especial**: área de altas habilidades. Brasília, 1995.

BRODY, N. **Intelligence**. 2. ed. San Diego: Academic Press, 1992.

BUTLER-POR, N. Underachieving Gifted Students. In: HELLER, K. A.; MÖNKS, F. J.; PASSOW, A. H. (Ed.). **International Handbook of Research and Development of Giftedness and Talent**. Oxford: Pergamon Press, 1993. p. 649-668.

CALLAHAN, C. M. Giftedness, Definition. In: KERR, B. (Ed.). **Encyclopedia Of Giftedness, Creativity, and Talent**. Thousand Oaks: Sage Publications, 2009. p. 386-390. v. 1.

CHAMORRO-PREMUZIC, T. Creative Process. In: KERR, B. (Ed.). **Encyclopedia Of Giftedness, Creativity, and Talent**. Thousand Oaks: Sage Publications, 2009. p. 191-194. v. 1.

CHRYSIKOU, E. G. Mente criativa em ação. In: LEAL, G. (Org.). **A descoberta da criatividade**. São Paulo: Duetto, 2013. p. 10-25. (Biblioteca Mente Cérebro).

CLARK, B. **Growing up Gifted**: Developing the Potential of Children at School and at Home. 4. ed. New York: MacMillan, 1992.

CLAXTON, G.; LUCAS, B. **Criative-se**: um guia prático para turbinar o seu potencial criativo. São Paulo: Gente, 2005.

COLANGELO, N.; DAVIS, G. A. (Ed.). **Handbook of Gifted Education**. 2. ed. Boston, MA: Allyn & Bacon, 1997.

CONHEÇA 9 crianças-prodígio em diferentes áreas. **Vírgula**, 12 out. 2014. Disponível em: <http://www.virgula.com.br/inacreditavel/conheca-9-criancas-prodigio-totalmente-extraordinarias/>. Acesso em: 30 set. 2018.

CONHEÇA 10 CRIANÇAS prodígio da atualidade. **Fatos Curiosos**, 13 fev. 2015. Disponível em: <https://www.fatosdesconhecidos.com.br/conheca-10-criancas-prodigio-da-atualidade/>. Acesso em: 21 nov. 2018.

CRAMOND, B.; KIM, K. H. Torrance Tests of Creative Thinking. In: KERR, B. (Ed.). **Encyclopedia of Giftedness, Creativity, and Talent**. Thousand Oaks: Sage Publications, 2009. p. 900-902. v. 2.

CRAY-ANDREWS, M.; BAUM, S. **Creativity 1, 2, 3**. New York: Royal Fireworks Press, 1996.

CROSS, T. L. **The Social and Emotional Lives of Gifted Kids**: Understanding and Guiding their Development. Waco, Texas: Prufrock Press, 2005.

CRUX, M. 10 Modern Child Prodigies. **Listverse**, 9 jul. 2013. Disponível em: <http://listverse.com/2013/07/09/resend-10-modern-child-prodigies/>. Acesso em: 8 nov. 2018.

CRUZ, E. Bloom's Revised Taxonomy. In: HOFFMAN, B. (Ed.). **Encyclopedia of Educational Technology**. San Diego: San Diego State University Press, 2003.

CSIKSZENTMIHALYI, M. **A psicologia da felicidade**. São Paulo: Saraiva, 1992.

DABROWSKI, K. **Positive Disintegration**. Anna Maria: Maurice Basset, 2016.

DANIELS, S.; MECKSTROTH, E. Nurturing the Sensitivity, Intensity, and Developmental Potential of Young Gifted Children. In: DANIELS, S.; PIECHOWSKI, M. M. (Ed.). **Living with Intensity**: Understanding the Sensitivity, Excitability, and Emotional Development of Gifted Children, Adolescents, and Adults. Scottsdale: Great Potential Press, 2009. p. 33-56.

DANIELS, S.; PIECHOWSKI, M. M. (Ed.). **Living with Intensity**: Understanding the Sensitivity, Excitability, and Emotional Development of Gifted Children, Adolescents, and Adults. Scottsdale: Great Potential Press, 2009.

DAVIDSON, J. E. Contemporary Models of Giftedness. In: SHAVININA, L. V. (Ed.). **International Handbook on Giftedness**. Gatineau: Springer, 2009. p. 81-97.

DAVIS, G. A. Identifying Creative Students and Measuring Creativity. In: COLANGELO, N.; DAVIS, G. A. (Ed.). **Handbook of Gifted Education**. 2. ed. Boston, MA: Allyn & Bacon, 1997. p. 269-281.

DAVIS, G. A.; RIMM, S. B. **Education of the Gifted and Talented**. 3. ed. Needham Heights, MA: Allyn & Bacon, 1994.

_____. **Education of the Gifted and Talented**. 5. ed. Needham Heights, MA: Allyn & Bacon, 2003.

DEL CONT, V. Francis Galton: eugenia e hereditariedade. **Scientiæ Studia**, São Paulo, v. 6, n. 2, p. 201-218, 2008. Disponível em: <http://www.scielo.br/pdf/ss/v6n2/04.pdf>. Acesso em: 3 dez. 2018.

DELOU, C. M. C. Educação do aluno com altas habilidades/superdotação: legislação e políticas educacionais para inclusão. In: FLEITH, D. de S. (Org.). **A construção de práticas educacionais para alunos com altas habilidades/superdotação**. Brasília: MEC/SEE, 2007. p. 25-39. v. 1: Orientação a professores. Disponível em: <http://portal.mec.gov.br/seesp/arquivos/pdf/altashab2.pdf>. Acesso em: 3 dez. 2018.

_____. Lista básica de indicadores de superdotação: parâmetros para observação de alunos em sala de aula. In: LEHMANN; L. de M. e S.; COUTINHO, L. G. (Org.). **Psicologia e educação**: interfaces. Niterói: EDUFF, 2014. p. 71-93. (Práxis Educativa; v. 9).

DETTERMAN, D. K. Qualitative Integration: the Last Word? In: STERNBERG, R. J.; DETTERMAN, D. K. (Ed.). **What is Intelligence?** Contemporary Viewpoints on its Nature and Definition. Norwood, NJ: Ablex Publishing, 1988. p. 163-166.

DIAMOND, M. C.; HOPSON, J. **Árvores maravilhosas da mente**: como cuidar da inteligência, da criatividade e das emoções de seu filho do nascimento até a adolescência. Tradução de Miriam Crohmal. Rio de Janeiro: Campus, 2000.

EHRLICH, V. Z. **Gifted Children**: a Guide for Parents and Teachers. 3. ed. Monroe: Trillium Press, 1989.

FELDHUSEN, J. F. **Talented Identification and Development in Education (Tide)**. Sarasota, FL: Center for Creative Learning, 1992.

_____. Talented Identification and Development in Education (Tide). **Gifted Education International**, v. 10 (1), p. 10-15, 1994.

FELDHUSEN, J. F.; ASHER, J. W.; HOOVER, S. M. Problems in the Identification of Giftedness, Talent, or Ability. **Gifted Child Quarterly**, v. 28, n. 4, p. 149-151, 1984.

FELDMAN, D. H.; CSIKSZENTMIHALYI, M.; GARDNER, H. **Changing the World**: a Framework for the Study of Creativity. Westport: Praeger, 1994.

FELDMAN, D. H.; GOLDSMITH, L. T. **Nature's Gambit**: Child Prodigies and the Development of Human Potential. New York: Teachers College Press, 1991.

FELDMAN, R. S. **Introdução à psicologia**. 10. ed. Porto Alegre: AMGH, 2015.

FIRESTIEN, R. L. The Power of Product. In: ISAKSEN, S. G. et al. (Ed.). **Nurturing and Developing Creativity**: the Emergence of a Discipline. Norwood: Ablex, 1993. p. 261-277.

FREEMAN, J.; GUENTHER, Z. C. **Educando os mais capazes**: ideias e ações comprovadas. São Paulo: EPU, 2000.

GALBRAITH, J.; DELISLE, J. **The Gifted Kid's Survival Guide**: A Teen Handbook. Minneapolis: Free Spirit Publishing, 1996.

GALLAGHER, J. J.; GALLAGHER, S. A. **Teaching the Gifted Child**. 4. ed. Boston, MA: Allyn & Bacon, 1994.

GAMA, M. C. S. S. **Educação de superdotados**: teoria e prática. São Paulo: EPU, 2006.

GARDNER, H. Are there Additional Intelligences? The Case for Naturalist, Spiritual, and Existential Intelligences. In: KANE, J. (Ed.). **Education, Information, and Transformation**. Upper Saddle River: Prentice-Hall, 1999. p. 111-131.

_____. **Estruturas da mente**: a teoria das inteligências múltiplas. Porto Alegre: Artes Médicas, 1995.

_____. **Frames of Mind**: The Theory of Multiple Intelligences. New York: Basic Books, 1983.

GARDNER, H. **Multiple Intelligences**: The Theory in Practice. New York: Basic Books, 1993.

GARDNER, H.; KORNHABER, M. L.; WAKE, W. K. **Inteligência**: múltiplas perspectivas. Porto Alegre: Artmed, 1998.

GILLESPIE, P. Emotional Development. In: KERR, B. (Ed.). **Encyclopedia of Giftedness, Creativity, and Talent**. Thousand Oaks: Sage Publications, 2009. p. 318-319. v. 1.

GOERTZEL, V.; GOERTZEL, M. G. **Cradles of Eminence**: Childhoods of more than 700 Famous Men and Women. 2. ed. Scottsdale: Great Potential Press, 2004.

GOLEMAN, D. **Emotional Intelligence**. New York: Bantam Books, 1995.

GRANDIN, T.; PANEK, R. **The Autistic Brain**: Thinking Across the Spectrum. New York: Houghton Mifflin Harcourt, 2013.

GRINDER, R. E. The Gifted in our Midst: by their Divine Deeds, Neuroses, and Mental Test Scores We Have Known Them. In: HOROWITZ, F. D.; O'BRIEN, M. (Ed.). **The Gifted and Talented**: Developmental Perspectives. Washington: American Psychological Association, 1985. p. 5-35.

GUBBINS, E. J. NRC/GT Offers a Snapshot of Intelligence. **The National Research Center on the Gifted and Talented**, n. 1-2, 2005.

GUILFORD, J. P. Creativity. **American Psychologist**, v. 5, n. 9, p. 444-454, 1950.

_____. **Creative Talents**: Their Nature, Uses and Development. Buffalo: Bearly, 1986.

_____. Varieties of Creative Giftedness, Their Measurement, and Development. In: GOWAN, J. C.; KHATENA, J.; TORRANCE, E. P. (Ed.). **Educating the Ablest**: a Book of Readings on the Education of Gifted Children. New York: F. E. Peacock, 1979. p. 285-298.

GUNDERSON, C. W.; MAESCH, C.; REES, J. W. The Gifted/Learning Disabled Student. **Gifted Child Quarterly**, v. 31, n. 4, p. 158-160, 1987.

HAMACHEK, D. E. Psychodynamics of Normal and Neurotic Perfectionism. **A Journal of Human Behavior**, v. 15, n. 1, p. 27-33, 1978.

HANSEN, R. Terman's Studies of Genius. In: KERR, B. (Ed.). **Encyclopedia of Giftedness, Creativity, and Talent**. Thousand Oaks: Sage Publications, 2009. p. 890-892. v. 2.

HANY, E. A. Methodological Problems and Issues Concerning Identification. In: HELLER, K. A.; MÖNKS, F. J.; PASSOW, A. H. (Ed.). **International Handbook of Research and Development of Giftedness and Talent**. Oxford: Pergamon Press, 1993. p. 209-232.

HARRISON, C. **Young Gifted Children**: Their Search for Complexity and Connection. Sydney: Inscript Publishing, 2005.

HASTORF, A. H. Lewis Terman's Longitudinal Study on the Intellectually Gifted: Early Research, Recent Investigations, and the Future. **Gifted and Talented International**, v. 12, p. 3-7, 1997.

HÉBERT, T. P. **Understanding the Social and Emotional Lives of Gifted Students**. Waco: Prufrock Press, 2011.

HERRMANN, N. **The Creative Brain**. Lake Lure: The Herrmann Group, 1993.

HETHERINGTON, E. M.; PARKE, R. D. **Child Psychology**: A Contemporary Viewpoint. 5. ed. Boston: McGraw-Hill College, 1999.

HOCEVAR, D.; BACHELOR, P. A Taxonomy and Critique of Measurement Used in the Study of Creativity. In: GLOVER, J. A.; RONNING, R. R.; REYNOLDS, C. R. (Ed.). **Handbook of Creativity**. New York: Plenum Press, 1989. p. 53-75.

HOLLINGWORTH, L. S. **Children above 180 IQ Stanford-Binet**: Origin and Development. Kindle edition. Yonkers-on-Hudson: World Book Company, 1942.

HUANG, T. Y. Creativity Theories. In: KERR, B. A. (Ed.). **Encyclopedia of Giftedness, Creativity, and Talent**. Thousand Oaks: Sage Publications, 2009. v. 1. p. 216-219.

ISAKSEN, S. G. Creative Organizational Climate. In: KERR, B. (Ed.). **Encyclopedia of Giftedness, Creativity, and Talent**. Thousand Oaks: Sage Publications, 2009. p. 183-184. v. 1.

JOHNSEN, S. K. Identification. In: KERR, B. (Ed.). **Encyclopedia of Giftedness, Creativity, and Talent**. Thousand Oaks: Sage Publications, 2009. p. 439-443. v. 1.

KAUFMAN, J. C. **Creativity 101 (The Psych 101 Series)**. New York: Springer, 2009.

KERR, B. Developing Talents In Girls And Young Women. In: COLANGELO, N.; DAVIS, G. A. (Ed.). **Handbook of Gifted Education**. 2. ed. Boston, MA: Allyn & Bacon, 1997. p. 483-497.

KRATHWOHL, D. R.; BLOOM, B. S.; MASIA, B. B. **Taxonomy of Educational Objectives**. New York: Longman, 1964. (Book 2: Affective Domain).

LIND, S. Overexcitability and the Gifted. **Seng Newsletter**, v. 1, n. 1, p. 3-6, 2001.

LOVECKY, D. V. **Different Minds**: Gifted Children with AD/HD, Asperger Syndrome, and Other Learning Deficits. 3. ed. London: Jessica Kingsley Publishers, 2005.

_____. Exploring Social and Emotional Aspects in Gifted Children. **Roeper Review**, v. 15, n. 1, p. 18-25, 1992.

_____. The Quest for Meaning: Counseling Issues with Gifted Children and Adolescents. In: SILVERMAN, L. K. (Ed.). **Counseling the Gifted and Talented**. Denver, CO: Love Publishing, 1993. p. 29-49.

LUPART, J. L.; TOY, R. E. Twice Exceptional: Multiple Pathways to Success. In: SHAVININA, L. V. (Ed.). **International Handbook on Giftedness**. Gatineau: Springer, 2009. p. 507-525.

MAREE, J. G.; ELIAS, M. J.; BAR-ON, R. Emotional Intelligence. In: KERR, B. (Ed.). **Encyclopedia of Giftedness, Creativity, and Talent**. Thousand Oaks: Sage Publications, 2009. p. 320-322. v. 1.

MAY, R. **The Courage to Create**. New York: W. W. Norton & Company, 1975.

MENDAGLIO, S. Dabrowski's Theory of Positive Disintegration: A Personality Theory for the 21st Century. In: MENDAGLIO, S. (Ed.). **Dabrowski's Theory of Positive Disintegration**. Scottsdale: Great Potential Press, 2008. p. 13-40.

_____. Foreword. In: DANIELS, S.; PIECHOWSKI, M. M. (Ed.). **Living with Intensity**: Understanding the Sensitivity, Excitability, and Emotional Development of Gifted Children, Adolescents, and Adults. Scottsdale: Great Potential Press, 2009. p. XI-XIII.

MONTALVÃO, S. Faculdade aprova aluno de oito anos no vestibular; OAB pede intervenção do MEC. **Bol Notícias**, 5 mar. 2008. Disponível em: <https://noticias.bol.uol.com.br/educacao/2008/03/05/ult105u6285.jhtm>. Acesso em: 8 nov. 2018.

MOON, S. M. Gifted Children with Attention-Deficit/Hyperactivity Disorder. In: NEIHART, M. et al. (Ed.). **The Social and Emotional Development of Gifted Children**: What do We Know? Washington: The National Association for Gifted Children, 2002. p. 193-204.

MOREIRA, L. C.; STOLTZ, T. (Coord.). **Altas habilidades/superdotação, talento, dotação e educação**. Curitiba: Juruá, 2012.

MORELOCK, M. J.; FELDMAN, D. H. Prodigies, Savants and Williams Syndrome: Windows into Talent and Cognition. In: HELLER, K. A. et al. (Ed.). **International Handbook of Giftedness and Talent**. 2. ed. Oxford: Pergamon, 2000. p. 3-21.

MYERS, D. G. **Introdução à psicologia geral**. 5. ed. Rio de Janeiro: LTC, 1999.

NEIHART, M. Risk and Resilience in Gifted Children: A Conceptual Framework. In: NEIHART, M. et al. (Ed.). **The Social and Emotional Development of Gifted Children**: What do We Know? Washington: The National Association for Gifted Children, 2002. p. 113-122.

NEIHART, M. et al. (Ed.). **The Social and Emotional Development of Gifted Children**: What do We Know? Washington: The National Association for Gifted Children, 2002.

NOLLER, R. **Scratching the Surface of Creative Problem Solving**: A Bird's Eye-View of CPS. Buffalo: DOK, 1977.

NUGENT, S. A. **Social & Emotional**: Teaching Strategies. Waco: Prufrock Press, 2005.

O'CONNOR, K. J. The Application of Dabrowski's Theory to the Gifted. In: NEIHART, M. et al. (Ed.). **The Social and Emotional Development of Gifted Children**: What do We Know? Washington: The National Association for Gifted Children, 2002. p. 51-60.

ODEN, M. H. The Fulfillment of Promise: 40-Year Follow-Up of the Terman Gifted Group. **Genetic Psychology Monographs**, n. 77, n. 1, p. 3-93, 1968.

OLENCHAK, F. R.; REIS, S. M. Gifted Students with Learning Disabilities. In: NEIHART, M. et al. (Ed.). **The Social and Emotional Development of Gifted Children**: What do We Know? Washington: The National Association for Gifted Children, 2002. p. 177-192.

OLIVEIRA, M. K. de. **Vygotsky**: aprendizado e desenvolvimento: um processo sócio-histórico. São Paulo: Scipione, 1997.

O'QUIN, K.; BESEMER, S. P. The Development, Reliability of the Revised Creative Product Semantic Scale. **Creative Research Journal**, v. 2, n. 4, p. 268-279, 1989.

OSTROWER, F. **Acasos e criação artística**. Rio de Janeiro: Campus, 1990.

OUROFINO, V. T. A. T. Altas habilidades e hiperatividade: a dupla excepcionalidade. In: FLEITH, D. de S.; ALENCAR, E. M. S. de (Org.). **Desenvolvimento de talentos e altas habilidades**: orientação a pais e professores. Porto Alegre: Artmed, 2007. p. 51-66.

PAIS QUEREM que menino de seis anos entre na faculdade. **Terra**, 11 maio 2006. Disponível em: <http://noticias.terra.com.br/mundo/noticias/0,,OI1000068-EI294,00-Pais+querem+que+menino+de+seis+anos+entre+na+faculdade.html>. Acesso em: 21 nov. 2018.

PALUDO, K. I. **João Feijão, o superdotado amigão**: por uma concepção interacional de assincronismo e superdotação. Tese (Doutorado em Educação) – Universidade Federal do Paraná, Curitiba, 2018.

PASQUALI, L. **A ciência da mente**: a psicologia à procura do objeto. Edição do autor. Brasília: [s.n.], 2008.

_____. Psicometria. **Revista da Escola de Enfermagem da USP**, v. 43 (especial), p. 992-999, 2009. Disponível em: <https://www.revistas.usp.br/reeusp/article/view/40416/43399>. Acesso em: 2 nov. 2018.

PÉREZ, S. G. P. B.; FREITAS, S. N. **Manual de identificação das altas habilidades/superdotação**. Guarapuava: Apprehendere, 2016.

PESQUISAS mostram que para liberar a criatividade é preciso relaxar. **Fantástico**, 9 fev. 2014. Disponível em: <http://g1.globo.com/fantastico/noticia/2014/02/pensamento-divergente-improviso-e-insight-definem-criatividade.html>. Acesso em: 30 set. 2018.

PHELPS, C. L. Girls, Gifted. In: KERR, B. (Ed.). **Encyclopedia of Giftedness, Creativity, and Talent**. Thousand Oaks: Sage Publications, 2009. p. 393-397. v. 1.

PIAGET, J. **O nascimento da inteligência na criança**. 4. ed. Rio de Janeiro: LTC, 2014a. Original publicado em 1966.

_____. **Relações entre a afetividade e a inteligência no desenvolvimento mental da criança**. Tradução de Cláudio J. P. Saltini e Doralice B. Cavenaghi. Rio de Janeiro: Wak, 2014.

PIECHOWSKI, M. M. Emotional Giftedness: The Measure of Intrapersonal Intelligence. In: COLANGELO, N.; DAVIS, G. A. (Ed.). **Handbook of Gifted Education**. 2. ed. Boston, MA: Allyn & Bacon, 1997. p. 366-381.

PIECHOWSKI, M. M.; COLANGELO, N. Developmental Potential of the Gifted. **Gifted Child Quarterly**, v. 28, n. 2, p. 80-88, 1984.

PLOMIN, R. Genetics and Intelligence. In: COLANGELO, N.; DAVIS, G. A. (Ed.). **Handbook of Gifted Education**. 2. ed. Boston, MA: Allyn & Bacon, 1997. p. 67-74.

RAMOS-FORD, V.; GARDNER, H. Giftedness from a Multiple Intelligence Perspective. In: COLANGELO, N.; DAVIS, G. A. (Ed.). **Handbook of Gifted Education**. 2. ed. Boston, MA: Allyn & Bacon, 1997. p. 54-66.

REIS, S. M. **An Analysis of the Productivity of Gifted Students Participating in Programs Using the Revolving Door Identification Model**. Unpublished Doctoral Dissertation, University of Connecticut, Storrs, 1981.

REIS, S. M.; BURNS, D. E.; RENZULLI, J. S. **Curriculum Compacting**: The Complete Guide to Modifying the Regular Curriculum for High Ability Students. Mansfield Center: Creative Learning Press, 1992.

RENZULLI, J. S. A concepção de superdotação no modelo dos três anéis: um modelo de desenvolvimento para a promoção da produtividade criativa. In: VIRGOLIM, A. M. R.; KONKIEWITZ, E. C. (Org.). **Altas habilidades/superdotação, inteligência e criatividade**. Campinas: Papirus, 2014. p. 219-264.

_____. Expanding the Conception of Giftedness to Include Co-Cognitive Traits and to Promote Social Capital. **Phi Delta Kappan**, v. 84, n. 1, p. 33-40, p. 57-58, 2002.

RENZULLI, J. S. Introduction to Identification of Students for Gifted and Talented Programs. In: REIS, S. M.; RENZULLI, J. S. (Ed.). **Essential Reading in Gifted Education**: Identification of Students for Gifted and Talented Programs. Thousand Oaks: Corwin Press; The National Association for Gifted Children, 2004. v. 2, p. XXIII-XXXIV.

_____. Operation Houndstooth: a Positive Perspective on Developing Social Intelligence. In: VANTASSEL-BASKA, J. L.; CROSS, T. L.; OLENCHAK, F. R. (Ed.). **Social-Emotional Curriculum with Gifted and Talented Students**. Waco: Prufrock Press, 2009a. p. 79-112.

_____. Reexaminando o papel da educação para superdotados e o desenvolvimento de talentos para o século XXI: uma abordagem teórica em quatro partes. In: VIRGOLIM, A. M. R. (Org.). **Altas habilidades/superdotação**: processos criativos, afetivos e desenvolvimento de potenciais. Curitiba: Juruá, 2018. p. 19-42.

_____. Revolving Door Identification Model. In: KERR, B. (Ed.). **Encyclopedia of Giftedness, Creativity, and Talent**. Thousand Oaks: Sage Publications, 2009b. p. 736-740. v. 2.

_____. The Three-Ring Conception of Giftedness: A Developmental Model for Creative Productivity. In: RENZULLI, J. S.; REIS, S. M. (Ed.). **The Triad Reader**. Mansfield Center: Creative Learning Press, 1986. p. 2-19.

_____. The Three-Ring Conception of Giftedness: A Developmental Model for Creative Productivity. **South African Journal of Education**, v. 5, n. 1, p. 1-18, 1985.

_____. The Three-Ring Conception of Giftedness: A Developmental Model for Promoting Creative Productivity. In: STERNBERG, R. J.; DAVIDSON, J. E. (Ed.). **Conceptions of Giftedness**. 2. ed. Cambridge: Cambridge University Press, 2005. p. 246-279.

RENZULLI, J. S.; REIS, S. M. **The Schoolwide Enrichment Model**: A How-To Guide For Educational Excellence. 2. ed. Mansfield Center: Creative Learning Press, 1997.

_____. **The Schoolwide Enrichment Model**: A How-To Guide for Talent Development. 3. ed. Waco: Prufrock Press, 2014.

RENZULLI, J. S.; REIS, S. M. (Ed.). **The Triad Reader**. Mansfield Center: Creative Learning Press, 1986.

RENZULLI, J. S.; SYTSMA, R. E.; SCHADER, R. M. Developing Giftedness for a Better World. **Parenting for High Potential**, p. 18-22, 2003.

RICHERT, E. S. Excellence with Equity in Identification and Programming. In: COLANGELO, N.; DAVIS, G. A. (Ed.). **Handbook of Gifted Education**. 2. ed. Boston, MA: Allyn & Bacon, 1997. p. 75-88.

_____. Rampant Problems and Promising Practices in the Identification of Disadvantaged Gifted Students. **Gifted Child Quarterly**, v. 31, n. 4, p. 149-154, 1987.

ROBINSON, N. M. et al. Social and Emotional Issues: What Have We Learned and What Should We Do Now? In: NEIHART, M. et al. (Ed.). **The Social and Emotional Development of Gifted Children**: What do We Know? Washington: The National Association for Gifted Children, 2002. p. 267-288.

RODARI, G. **Gramática da fantasia**. Tradução de Antonio Negrini. São Paulo: Summus, 1982.

ROGERS, C. R. **Liberdade de aprender em nossa década**. Porto Alegre: Artes Médicas, 1986.

SABATELLA, M. L. P. **Talento e superdotação**: problema ou solução? Curitiba: Ibpex, 2005.

SABATELLA, M. L. P.; CUPERTINO, C. M. B. Práticas educacionais de atendimento ao aluno com altas habilidades/superdotação. In: FLEITH, D. S. (Org.). **A construção de práticas educacionais para alunos com altas habilidades/superdotação**. Brasília: MEC/SEE, 2007. p. 67-80. v. 1: Orientação a professores. Disponível em: <http://portal.mec.gov.br/seesp/arquivos/pdf/altashab2.pdf>. Acesso em: 3 dez. 2018.

SAKAGUTI, P. M. Y. **As interações familiares no desenvolvimento afetivo-emocional do indivíduo com altas habilidades/superdotação**: a questão do assincronismo. Tese (Doutorado em Educação) – Universidade Federal do Paraná, Curitiba, 2017. Disponível em: <https://acervodigital.ufpr.br/handle/1884/55203>. Acesso em: 4 dez. 2018.

SALOVEY, P.; MAYER, J. D. Emotional Intelligence. **Imagination, Cognition and Personality**, v. 9, n. 3, p. 185-211, 1990. Disponível em: <http://journals.sagepub.com/doi/10.2190/DUGG-P24E-52WK-6CDG>. Acesso em: 29 set. 2018.

SAMPSON, C. Social and Emotional Issues Of Gifted Young Children. **Apex: The New Zealand Journal of Gifted Education**, v. 18, n. 1, 2013. Disponível em: <https://www.giftedchildren.org.nz/wp-content/uploads/2014/10/Sampson.pdf>. Acesso em: 29 set. 2018.

SAYLER, M. F. Flow. In: KERR, B. (Ed.). **Encyclopedia of Giftedness, Creativity, and Talent**. Thousand Oaks: Sage Publications, 2009. p. 358-360. v. 1.

SCARR, S. Intelligence: Revisited. In: STERNBERG, R. J.; DETTERMAN, D. K. (Ed.). **What is Intelligence?** Contemporary Viewpoints on its Nature and Definition. Norwood: Ablex Publishing, 1988. p. 117-120.

SCHELINI, P. W. Teoria das inteligências fluida e cristalizada: início e evolução. **Estudos de Psicologia**, v. 11, n. 3, p. 323-332, 2006. Disponível em: <http://www.scielo.br/pdf/epsic/v11n3/10.pdf>. Acesso em: 29 set. 2018.

SCHMITZ, C. C.; GALBRAITH, J. **Managing the Social and Emotional Needs of the Gifted**. Minneapolis: Free Spirit Publishing, 1985.

SCHNEIDER, W. Giftedness, Expertise, and (Exceptional) Performance: A Developmental Perspective. In: HELLER, K. A. et al. (Ed.). **International Handbook of Giftedness and Talent**. 2. ed. Oxford: Pergamon, 2000. p. 165-177.

SCHULER, P. Perfectionism in Gifted Children and Adolescents. In: NEIHART, M. et al. (Ed.). **The Social and Emotional Development of Gifted Children**: What do We Know? Washington: The National Association for Gifted Children, 2002. p. 71-79.

SCHULTZ, D. P.; SCHULTZ, S. E. **História da psicologia moderna**. 10. ed. São Paulo: Cengage Learning, 2015.

SEELEY, K. Gifted students at risk. In: SILVERMAN, L. K. (Ed.). **Counseling the Gifted and Talented**. Denver, CO: Love Publishing, 1993. p. 263-275.

SHELTON, C. M.; STERN, R. **Understanding Emotions in the Classroom**: Differentiating Teaching Strategies for Optimal Learning. Port Chester, NY: Dude Publishing, 2004.

SILVERMAN, L. K. Asynchronous Development. In: NEIHART, M. et al. (Ed.). **The Social and Emotional Development of Gifted Children**: What do We Know? Washington: The National Association for Gifted Children, 2002. p. 31-37.

_____. Asynchrony [entry]. In: KERR, B. (Ed.). **Encyclopedia of Giftedness, Creativity, and Talent**. Thousand Oaks: Sage Publications, 2009. p. 67-70. v. 1.

SILVERMAN, L. K. **Giftedness 101 (The Psych 101 Series)**. Kindle edition. New York: Springer, 2013.

_____. **Inside-Out**: Understanding the Social and Emotional Needs of Gifted Children. London, 2005. Disponível em: <http://www.pegy.org.uk/Inside-Out%20PEGY%20pdf.pdf>. Acesso em: 29 set. 2018.

_____. Perfectionism: the Crucible of Giftedness. **Advanced Development**, v. 8, p. 47-61, 1999.

_____. The Gifted Individual. In: SILVERMAN, L. K. (Ed.). **Counseling the Gifted and Talented**. Denver, CO: Love Publishing, 1993. p. 3-28.

SISK, D. **Creative Teaching of the Gifted**. New York: McGraw-Hill, 1987.

SNYDERMAN, M.; ROTHMAN, S. **The IQ Controversy, the Media and Public Policy**. New Brunswick: Transaction Publishers, 1988.

STARKO, A. J. **It's About Time**: Inservice Strategies for Curriculum Compacting. Mansfield Center: Creative Learning Press, 1986.

STEIN, M. I. **Stimulating Creativity**: Individual Procedures. New York: Academic Press, 1974. v. 1.

STERNBERG, R. J. Academic Intelligence is not Enough! WICS: an Expanded Model for Effective Practice in School and in Later Life. In:INAUGURAL CONFERENCE OF THE MOSAKOWSKI INSTITUTE FOR PUBLIC ENTERPRISE, **Proceedings**..., 2009. Disponível em: <https://commons.clarku.edu/mosakowskiinstitute/4/>. Acesso em: 29 set. 2018.

_____. A Triarchic View of Giftedness: theory and Practice. In: COLANGELO, N.; DAVIS, G. A. (Ed.). **Handbook of Gifted Education**. 2. ed. Boston, MA: Allyn & Bacon, 1997. p. 43-53.

_____. **Beyond IQ**: a Triarchic Theory of Human Intelligence. New York: Cambridge University Press, 1985.

_____. **Successful Intelligence**: How Practical and Creative Intelligence Determine Success in Life. New York: Simon & Schuster, 1996.

STERNBERG, R. J. **Wisdom, Intelligence, and Creativity Synthesized**. New York: Cambridge University Press, 2007.

STERNBERG, R. J.; DETTERMAN, D. K. (Ed.). **What is Intelligence?** Contemporary Viewpoints on its Nature and Definition. Norwood: Ablex Publishing, 1988.

STERNBERG, R. J.; GRIGORENKO, E. L. **Teaching for Successful Intelligence**: to Increase Student Learning and Achievement. Arlington Heights: Sky-Light Training and Publishing, 2000.

TERMAN, L. M. The Discovery and Encouragement of Exceptional Talent. **American Psychologist**, n. 9, p. 221-230, 1954.

TERMAN, L. M.; BURKS, B. S.; JENSEN, D. W. **Genetic Studies of Genius**: The Promise of Youth – Follow-Up Studies of a Thousand Gifted Children. Stanford, CA: Stanford University Press, 1930. v. III.

TERMAN, L. M.; ODEN, M. H. **Genetic Studies of Genius**: The Gifted Child Grows Up: Twenty-Five Years Follow-Up of a Superior Group. Palo Alto, CA: Stanford University Press, 1947. v. IV.

_____. **Genetic Studies of Genius**: The Gifted Group at Mid-Life. Palo Alto, CA: Stanford University Press, 1959. v. V.

TERMAN, L. M. et al. **Genetic Studies of Genius**: Mental and Physical Traits of a Thousand Gifted Children. Stanford, CA: Stanford University Press, 1925. v. I.

TIESO, C. L. Overexcitabilities [entry]. In: KERR, B. (Ed.). **Encyclopedia of Giftedness, Creativity, and Talent**. Thousand Oaks: Sage Publications, 2009. p. 662-664. v. 2.

TILLIER, W. Kazimierz Dabrowski: the man. In: MENDAGLIO, S. (Ed.). **Dabrowski's Theory of Positive Disintegration**. Scottsdale: Great Potential Press, 2008. p. 3-11.

TODOROV, J. C. A psicologia como o estudo de interações. **Psicologia: Teoria e Pesquisa**, Brasília, v. 23, n. especial, p. 57-61, 2007. Disponível em: <http://www.scielo.br/pdf/ptp/v23nspe/10.pdf>. Acesso em: 21 nov. 2018.

TORRANCE, E. P. The Nature of Creativity as Manifest in its Testing. In: STERNBERG, R. J. (Ed.). **The Nature of Creativity**: Contemporary Psychological Perspectives. Cambridge: Cambridge University Press, 1988. p. 43-75.

_____. **The Search for Satori and Creativity**. Buffalo, NY: Creative Education Foundation, 1979.

TREFFINGER, D. J.; RENZULLI, J. S. Giftedness as Potential for Creative Productivity: Transcending IQ Scores. **Roeper Review**, v. 8, n. 3, p. 150-154, Feb. 1986.

VANTASSEL-BASKA, J. Curriculum for the Gifted: an Overview of Theory, Research, and Practice. In: VANTASSEL-BASKA, J. (Ed.). **Comprehensive Curriculum for Gifted Learners**. 2. ed. Boston, MA: Allyn & Bacon, 1994. p. 1-16.

_____. **Excellence in Educating**: Gifted and Talented Learners. 3. ed. Denver: Love Publishing Company, 1998.

VIRGOLIM, A. M. R. A contribuição dos instrumentos de investigação de Joseph Renzulli para a identificação de estudantes com Altas Habilidades/Superdotação. **Revista Educação Especial**, v. 27, n. 50, p. 581-610, set./dez. 2014a. Disponível em: <https://periodicos.ufsm.br/educacaoespecial/article/viewFile/14281/pdf>. Acesso em: 2 dez. 2018.

_____. A criança superdotada e a questão da diferença: um olhar sobre suas necessidades emocionais, sociais e cognitivas. **Linhas Críticas**, Brasília, v. 9, n. 16, p. 13-31, jan./ jun. 2003. Disponível em: <http://periodicos.unb.br/index.php/linhascriticas/article/view/6441/5213>. Acesso em: 3 dez. 2018.

VIRGOLIM, A. M. R. A identificação de alunos para programas especializados na área das altas habilidades/superdotação: problemas e desafios. **Revista Brasileira de Altas Habilidades/Superdotação**, v. 1, n. 1, p. 50-66, 2013. Disponível em: <http://conbrasd.org/wp/php_revista/revista001/#/Revista%20Brasileira%20de%20Altas%20Habilidades%20-%20Superdota%C3%A7%C3%A3o/0>. Acesso em: 29 set. 2018.

_____. A inteligência em seus aspectos cognitivos e não cognitivos na pessoa com altas habilidades/superdotação: uma visão histórica. In: VIRGOLIM, A. M. R.; KONKIEWITZ, E. C. (Org.). **Altas habilidades, inteligência e criatividade**: uma visão multidisciplinar. Campinas: Papirus, 2014b. p. 23-64.

_____. **Altas habilidades/superdotação**: encorajando potenciais. Brasília: MEC/SEE, 2007a.

_____. Aspectos socioafetivos da superdotação. In: ENCONTRO NACIONAL DO CONBRASD, 3.; CONGRESSO MERCOSUL SOBRE ALTAS HABILIDADES/ SUPERDOTAÇÃO, 3.; ENCONTRO ESTADUAL REPENSANDO A INTELIGÊNCIA: "A DIVERSIDADE NAS ALTAS HABILIDADES/SUPERDOTAÇÃO", 6.; CONGRESSO DE JOVENS COM ALTAS HABILIDADES/SUPERDOTAÇÃO, 2., 2008, Canela.

_____. **Cabrum!!** Chuva de ideias! Desenvolvendo a criatividade das crianças. Curitiba: Juruá, 2014c.

_____. **Creativity and Intelligence**: a Study of Brazilian Gifted and Talented Students. Unpublished Doctoral Dissertation, University of Connecticut, Mansfield, 2005.

_____. Criatividade e saúde mental: desafio à família e à escola. In: VIRGOLIM, A. M. R. (Org.). **Talento criativo**: expressão em múltiplos contextos. Brasília: Ed. da UnB, 2007b.

VIRGOLIM, A. M. R. Intelligence. In: KERR, B. (Ed.). **Encyclopedia of Giftedness, Creativity, and Talent**. Thousand Oaks: Sage Publications, 2009. p. 472-476. v. 1.

_____. O indivíduo superdotado: história, concepção e identificação. **Psicologia: Teoria e Pesquisa**, v. 13, n. 1, p. 173-183, jan./abr. 1997.

_____. Questões afetivas e emocionais das pessoas com altas habilidades/superdotação. In: ENCONTRO NACIONAL DO CONBRASD, 7., 2016, Bonito.

_____. Uma proposta para o desenvolvimento da criatividade na escola, segundo o modelo de Joseph Renzulli. In: _____. (Org.). **Talento criativo**: expressão em múltiplos contextos Brasília: Editora UnB, 2007c. p. 159-185.

VIRGOLIM, A. M. R.; FLEITH, D. S.; NEVES-PEREIRA, M. **Toc, toc... plim, plim!** Lidando com as emoções, brincando com o pensamento através da criatividade. 13. ed. Campinas: Papirus, 2016.

VYGOTSKY, L. S. **A formação social da mente**. Tradução: José Cipolla Neto, Luis Silveira Menna Barreto E Solange Castro Afeche. São Paulo: M. Fontes, 1984.

_____. **Pensamento e linguagem**. Tradução de Jeferson Luiz Camargo. São Paulo: M. Fontes, 1991.

WADSWORTH, B. J. **Inteligência e afetividade da criança na teoria de Piaget**. 2. ed. São Paulo: Pioneira, 1993.

WEBB, J. T. et al. **Misdiagnosis and Dual Diagnosis of Gifted Children and Adults**: ADHD, Bipolar, OCD, Asperger's, Depression, and Other Disorders. Scottsdale: Great Potential Press, 2005.

WEBB, J. T.; MECKSTROTH, E. A.; TOLAN, S. S. **Guiding the Gifted Child**: A Practical Source for Parents and Teachers. Arizona: Gifted Psychology Press, 1994.

WECHSLER, S. M. **Avaliação da criatividade por figuras e palavras**: testes de Torrance – versão brasileira. Campinas: Lamp-PUC, 2002.

_____. Avaliação da criatividade verbal no contexto brasileiro. **Avaliação Psicológica**, v. 3, n. 1, p. 21-31, 2004. Disponível em: <http://pepsic.bvsalud.org/pdf/avp/v3n1/v3n1a03.pdf>. Acesso em: 29 set. 2018.

_____. **Criatividade**: descobrindo e encorajando – contribuições teóricas e práticas para as mais diversas áreas. 3. ed. Campinas: Lamp/PUC, 2008.

WECHSLER, S. M. et al. **Como encontrar e desenvolver talentos na escola**: cartilha para professores. Campinas: Lamp/PUC, 2007.

WEINBERG, R. A. Intelligence and IQ: Landmark Issues and Great Debates. **American Psychologist**, v. 44, p. 98-104, 1989.

WINNER, E. **Crianças superdotadas**: mitos e realidades. Porto Alegre: Artmed, 1998.

YEWCHUK, C. R.; LUPART, J. L. Gifted Handicapped: a Desultory Duality. In: HELLER, K. A.; MÖNKS, F. J.; PASSOW, A. H. (Ed.). **International Handbook of Research and Development of Giftedness and Talent**. Oxford: Pergamon Press, 1993. p. 709-725.

Bibliografia comentada

ALENCAR, E. M. L. S.; FLEITH, D. de S. **Superdotados**: determinantes, educação e ajustamento. 2. ed. São Paulo: EPU, 2001.

Um livro bastante amplo e completo sobre superdotação, que traz informações sobre inteligência, identificação, problemas socioemocionais e programas no Brasil e exterior.

GAMA, M. C. S. S. **Educação de superdotados**: teoria e prática. São Paulo: EPU, 2006.

Além das informações básicas da área (histórico, conceituação, identificação, desenvolvimento moral), a autora se detém no planejamento educacional para alunos superdotados, no atendimento e nas oficinas especializadas para esse grupo.

GARDNER, H.; KORNHABER, M. L.; WAKE, W. K. **Inteligência**: múltiplas perspectivas. Porto Alegre: Artmed, 1998.

O livro aborda com clareza e didatismo as teorias de inteligência desde o início do século XX. O trabalho contemporâneo sobre inteligência é examinado em disciplinas as mais variadas, da antropologia à informática e neurociência, com suas implicações educacionais.

MOREIRA, L. C.; STOLTZ, T. **Altas habilidades/superdotação, talento, dotação e educação**. Curitiba: Juruá, 2012. p. 95-112.

Livro organizado com capítulos de vários autores brasileiros e um internacional, que abrange áreas importantes da superdotação, contemplando, por exemplo, modelos teóricos, terminologias, educação inclusiva e atendimento educacional especializado à família e ao superdotado nos esportes.

PÉREZ, S. G. P. B.; FREITAS, S. N. **Manual de identificação das altas habilidades/superdotação**. Guarapuava: Apprehendere, 2016.
Manual para a identificação de crianças, jovens e adultos com superdotação. Acompanha lista de indicadores e instrumentos para serem utilizados por professores e psicólogos.

VIRGOLIM, A. M. R.; FLEITH, D. de S.; NEVES-PEREIRA, M. S. **Toc, toc... plim, plim!** Lidando com as emoções, brincando com o pensamento através da criatividade. 13. ed. Campinas: Papirus, 2016.
Um livro com atividades para serem realizadas com crianças em sala de aula, as quais abrangem o autoconceito e o desenvolvimento de habilidades de pensamento criador.

WECHSLER, S. M. **Criatividade**: descobrindo e encorajando – contribuições teóricas e práticas para as mais diversas áreas. 3. ed. Campinas: Lamp/PUC, 2008.
Um livro didático sobre criatividade, que abarca aspectos históricos, teorias, definições, características, variáveis influenciadoras e bloqueadoras da criatividade e que ainda traz inúmeras atividades e estratégias para o desenvolvimento da criatividade dentro e fora da escola.

WINNER, E. **Crianças superdotadas**: mitos e realidades. Porto Alegre: Artmed, 1998.
A autora discute os nove mitos mais comuns sobre superdotação, com exemplos de crianças reais estudadas por ela. Um livro claro, didático, essencial para professores, estudantes de graduação e pós-graduação e pais. Uma grande fonte de referências para estudos e pesquisas na área.

Indicações culturais

A FAMÍLIA do futuro. Direção: Stephen J. Anderson. EUA, 2007. 102 min.
A animação mostra a superdotação acadêmica e criadora do seu personagem, estimulado a se desenvolver por processos afetivos.

AMADEUS. Direção: Milos Forman. EUA, 1984. 180 min.
Considerado gênio por suas contribuições à humanidade, Mozart é o protótipo da superdotação artística/musical. O filme aborda a rapidez e a facilidade de suas conquistas, sua personalidade criativa e suas questões emocionais.

A REDE social. Direção: David Fincher. EUA, 2010. 120 min.
O filme enfoca a inteligência acadêmica e os traços de liderança e empreendedorismo, além de discutir sobre relacionamentos sociais, éticos e afetivos.

BILLY Elliot. Direção: Stephen Daldry. Reino Unido/França, 2000. 110 min.
Esse filme discute a superdotação na área da dança, juntamente com preconceitos de gênero e dificuldades familiares de aceitação das habilidades específicas do protagonista.

CHAPLIN. Direção: Richard Attenborough. EUA, 1992. 145 min.
O filme, que trata da vida de Charles Chaplin, é uma excelente oportunidade para refletir sobre o processo criador de um dos maiores gênios da humanidade.

CISNE negro. Direção: Darren Aronofsky. EUA, 2010. 110 min.
O filme debate a superdotação nas áreas artística e socioemocional.

COCO antes de Chanel. Direção: Anne Fontaine. França, 2009. 111 min.
O filme traz uma excelente discussão sobre a superdotação artística e criadora.

COMO estrelas na terra, toda criança é especial. Direção: Aamir Khan. Índia, 2007. 175 min.
O filme é uma excelente oportunidade para discutir o papel do professor na sua relação com uma pessoa com dupla condição (superdotação e dislexia, no caso do filme).

EDWARD Mãos de Tesoura. Direção: Tim Burton. EUA, 1990. 105 min.
Um lindo filme que mostra habilidades artísticas e preconceito, salientando a questão da diferença, do sentir-se estranho e inadaptado à sociedade.

EM BUSCA da Terra do Nunca. Direção: Marc Forster. EUA, 2004. 106 min.
O filme focaliza o processo de criação literária e teatral (processo de criação de uma personalidade produtivo-criativa).

GÊNIO indomável. Direção: Gus Van Sant. EUA, 1997. 126 min.
O protagonista tem uma elevada inteligência acadêmica e luta com problemas emocionais ao tentar se sentir aceito.

GANDHI. Direção: Richard Attenborough. EUA/Índia/Reino Unido, 1982. 188 min.
Uma excelente reflexão sobre os aspectos morais e éticos da superdotação.

HARRY Potter e a câmara secreta. Direção: Chris Columbus. EUA, 2002. 174 min.

Tanto esse filme como os outros da série servem como uma metáfora das habilidades superiores de crianças que estudam em uma escola especial para superdotados. Discutem-se os aspectos de relacionamento social, ética e criatividade.

JIMMY Neutron: o menino gênio. Direção: John A. Davis. EUA, 2001. 83 min.

A animação traz à baila discussões sobre a superdotação acadêmica e os aspectos sociais e emocionais do superdotado.

LANCES inocentes. Direção: Steven Zaillina. EUA, 1993. 110 min.

O foco do filme se dá tanto nas habilidades acadêmicas do protagonista quanto nos aspectos afetivos com o pai.

MENINA de ouro. Direção: Clint Eastwood. EUA, 2005. 132 min.

O filme aborda habilidades psicomotoras e enfoca questões socioemocionais e de relacionamento da protagonista.

MENTES que brilham. Direção: Jodie Foster. EUA, 1991. 99 min.

O filme focaliza a área da superdotação por meio das habilidades apresentadas pela criança protagonista da história. Demonstra também as dificuldades enfrentadas com relação ao currículo regular e aos aspectos emocionais que envolvem colegas e a família. Discute um programa especial para crianças superdotadas.

MEU PÉ esquerdo. Direção: Jim Sheridan. Reino Unido/Irlanda, 1989. 119 min.

O filme mostra os talentos da pessoa com deficiência (paralisia cerebral) e discute a resiliência do protagonista, que luta para desenvolver suas habilidades e áreas fortes, mostrando seu talento aos que convivem com ele.

O AUTO da Compadecida. Direção: Guel Arraes. Brasil, 2000. 104 min.

O filme também trata da personalidade criativa.

O MISTÉRIO de Picasso. Direção: Henri-Georges Clouzot. França, 1955. 78 min. Documentário.

O filme mostra Pablo Picasso pintando sob as lentes atentas de Henry-Georges Cluzot. A obra traz uma excelente reflexão sobre a superdotação artística.

O SOM do coração. Direção: Kirsten Sheridan. EUA, 2007. 114 min.

O filme focaliza o talento artístico e as implicações motivacionais e afetivas do protagonista.

PATCH Adams – o amor é contagioso. Direção: Tom Shadyac. EUA, 1998. 115 min.

O filme focaliza os traços de personalidade criativa do protagonista, sua resiliência, seu senso de destino e sua missão de vida.

PELÉ Eterno. Direção: Anibal Massaini Neto. Brasil, 2004. 120 min. Documentário.

O documentário apresenta trajetória no esporte de Edison Arantes do Nascimento, o Pelé. Trata-se de um grande gênio, cuja habilidade deixou marcas indeléveis no campo da superdotação (área psicomotora).

PRENDA-ME se for capaz. Direção: Steven Spielberg. EUA, 2002. 141 min.
O filme mostra a superdotação por meio da liderança negativa e da delinquência social. Os talentos do protagonista são amplos e convivem com os aspectos não éticos de sua personalidade.

SHAKESPEARE apaixonado. Direção: John Madden. EUA/Reino Unido, 1998. 137 min.
O filme trata do processo de criação e produção literária e teatral desse grande escritor, com foco na sua personalidade produtivo-criativa.

SHINE – Brilhante. Direção: Robert Scott Hicks. Austrália, 1996. 105 min.
O filme demonstra que uma pessoa superdotada também tem problemas psiquiátricos (não há relação causal entre os dois fenômenos, superdotação e esquizofrenia, no caso do filme). O debate gira em torno da pressão da família para que a personagem se conforme às regras e atenda às altíssimas expectativas do pai.

SOCIEDADE dos poetas mortos. Direção: Peter Weir. EUA, 1989. 128 min.
Excelente discussão da afetividade do professor criativo e engajado com seus alunos; mostra a superdotação na área acadêmica e artística (teatro) e traz uma bela discussão sobre motivação, ética e valorização dos talentos.

TEMPLE Grandin. Direção: Mick Jackson. EUA, 2010. 120 min.
O filme focaliza as áreas fortes e as dificuldades vividas por uma pessoa com síndrome de Asperger.

UMA MENTE brilhante. Direção: Ron Howard. EUA, 2001. 140 min. A superdotação é apresentada nesse filme entremeada pela esquizofrenia, embora uma não seja causa da outra. O filme discute a questão da alta inteligência acadêmica do ganhador do Prêmio Nobel John Forbes Nash Jr., que, a despeito de seus problemas mentais, desenvolve importantes teorias.

VAN GOGH, vida e obra de um gênio. Direção: Robert Altman. Holanda/Alemanha/França/Itália/Inglaterra, 1990. 135 min.

O filme discute a superdotação na área artística por meio da história de Van Gogh.

Respostas[1]

Capítulo 1

1. René Descartes (e os racionalistas) entendia que alma e corpo eram separados e tinham funções duais e distintas. A alma (ou mente) seria uma entidade espiritual, cuja essência seria o pensamento ou as ideias, compreendendo a vontade e a inteligência; já o corpo, desprovido do espírito, seria apenas uma máquina. Já que a mente tem a capacidade de pensamento e de outros processos cognitivos, como a percepção e a vontade, pode influenciar o corpo e ser por ele influenciada.

   John Locke (e os empiristas) defendia que o ser humano nascia com a mente "como uma lousa em branco" (em latim, como uma tábula rasa), ou seja, sem ideias inatas. Para Locke, todo o conteúdo da nossa mente seria preenchido posteriormente, com as primeiras experiências sensoriais do bebê. Seria, então, com base nas experiências do contato do bebê com o mundo, proporcionadas pelos seus sentidos, que a função mental ou cognitiva de reflexão se desenvolveria.

   Kant mostrou que os dois processos (razão e sentido) eram igualmente importantes e que ambos se influenciariam mutuamente. Para ele, a mente seria um criador ativo de experiências, e não apenas um receptor passivo da percepção; algumas funções da mente seriam inatas (como cognição, sensação, causalidade,

---

[1] Todos os autores citados aqui constam na seção "Referências".

desejo, entendimento, julgamento e razão) e outras seriam atribuídas pelo mundo físico e percebidas por meio dos sentidos.

2. Galton testava habilidades motoras e capacidades sensoriais para medir a habilidade mental. Ele percebia a inteligência como sensorial, e seus testes incluíam 17 aspectos, entre eles: altura, peso, alcance do braço, capacidade respiratória, força de impulsão e compressão, rapidez do sopro, audição, visão e percepção cromática.

Para Binet, a inteligência seria a capacidade do sujeito de compreender, julgar, raciocinar e imaginar. Seus testes de inteligência compreendiam 30 itens organizados em ordem crescente de dificuldade, padronizados para crianças de 3 a 11 anos de idade das escolas parisienses. Os resultados eram dados pela comparação da idade mental do aluno, definida como a equivalência de idade com as questões de maior dificuldade corretamente respondidas, com a sua idade cronológica.

3. O psicólogo Lewis Terman, professor da Universidade de Stanford, publicou uma versão modificada do teste de Binet, com o intuito de desenvolver normas para a população americana. Essa nova versão logo se tornou popular.

O *status* dos testes mentais elevou-se ainda mais quando passaram a ser utilizados em larga escala em uma população totalmente diversa, para a seleção de recrutas do exército americano durante a Primeira Guerra Mundial. O sucesso da aplicação em massa e o uso de testes de aptidão mais específicos que foram então construídos transformaram a psicologia de uma disciplina acadêmica em uma profissão. Depois da guerra, o uso dos testes de inteligência se expandiu ainda mais, e eles passaram a ser vistos como uma eficiente ferramenta científica de seleção a ser aplicada regularmente em empresas e escolas.

4. Raymond Cattell sugeriu que o fator g de Superman poderia ser melhor entendido como dois fatores separados, os quais ele denominou *habilidade ou inteligência fluida* e *habilidade ou inteligência cristalizada*. A primeira refere-se à capacidade de pensar e raciocinar de forma abstrata e de resolver problemas, tendo uma base hereditária. A segunda corresponde ao conhecimento que vem de aprendizagem anterior e experiências passadas e está mais relacionada ao ambiente.

    Essa distinção mostra que as oportunidades econômicas e sociais que uma criança possa ter, principalmente em seus anos iniciais, são tão importantes quanto a sua herança genética. No entanto, embora ainda não possamos exercer uma influência direta na genética, podemos fornecer um ambiente enriquecido de estímulos para o desenvolvimento cognitivo e socioemocional equilibrados da criança.

5. Os testes psicométricos medem basicamente as habilidades acadêmicas, como informação, compreensão, semelhanças, vocabulário, aritmética, números, e o desempenho do examinando com relação a códigos e números.

    Para utilizarmos os testes corretamente, devemos entender o que medem. Se definirmos a inteligência como raciocínio, julgamento e compreensão, não podemos esperar que o teste meça outras importantes facetas desse construto, como a capacidade de tomar decisões, a liderança ou a criatividade. Da mesma forma, não podemos querer que um teste que meça raciocínio, memória, vocabulário e números possa predizer se uma pessoa terá sucesso e renome em sua vida profissional, já que sucesso depende de outros fatores, como motivação, persistência e até mesmo sorte.

Os testes são largamente dependentes da aprendizagem escolar e do nível de linguagem apresentado pela criança; refletem as oportunidades de aprendizagem e de experiência a que ela foi submetida. Portanto, devemos ter isso em mente ao utilizá-los.

Os testes podem ser associados a outras fontes de informação e combinados com dados advindos de várias fontes (como escalas de comportamento, observações) para que as diversas habilidades dos alunos possam ser apreciadas. Devemos ter cuidado para não discriminar inadequadamente minorias étnicas, por suas diferenças culturais, de linguagem ou de nível socioeconômico. E, ainda, é essencial que os resultados dos testes sejam usados para a inclusão, e não para a exclusão dos alunos.

Capítulo 2

1. Várias críticas podem ser feitas ao estudo longitudinal de Terman, por exemplo:
   - os alunos analisados eram de classe média-alta branca e provenientes de uma mesma cultura;
   - seus pais tinham alta educação formal, ocupando cargos mais altos, de forma que os filhos cresceram em ambientes mais favoráveis;
   - os professores indicavam apenas alunos que tinham notas escolares mais altas, e não os que se destacavam pela criatividade ou liderança, por exemplo;
   - grupos minoritários foram discriminados por não terem bom conhecimento da língua (como os imigrantes) ou por fazerem

parte da população mais pobre ou marginalizada (os negros e latinos, por exemplo);
- o fato de a inteligência ser considerada um fenômeno fixo e unifacetado (ou seja, a inteligência seria um construto único e que não mudaria com o tempo), que, por si só, poderia predizer o sucesso profissional futuro;
- as conclusões favoráveis sobre a saúde e o ajustamento social das crianças do estudo levaram os educadores, por muitas décadas, a ignorar as necessidades socioemocionais dos superdotados.

2. Leda Hollingworth advogava que a realização da habilidade natural dependia das oportunidades na sociedade e das condições psicológicas, sociológicas e educacionais que eram oferecidas à pessoa. Assim, o papel da escola seria educar e treinar as crianças com potencial superior tanto para o seu próprio bem-estar como da sociedade em geral.

Em seus estudos, a pesquisadora constatou que os alunos apresentavam ausência de hábitos adequados de trabalho, dificuldade nas relações sociais e certa vulnerabilidade emocional. No entanto, depois de encaminhados para um programa de estimulação de suas habilidades, passavam a atuar de uma forma adequada nas atividades de grupo e comportavam-se como indivíduos socializados e felizes.

3. Guilford apontou para o fato de que poucos cientistas e psicólogos estudavam a criatividade. Reforçou a necessidade urgente de estudar esse construto, de estabelecer suas relações com a inteligência e de utilizar a criatividade formalmente para o desenvolvimento das crianças na escola, a fim de promover o desenvolvimento de personalidades criativas.

A teoria de Guilford abriu espaço para a discussão do papel de outras habilidades cognitivas no intelecto humano, como a criatividade, que não é captada pelo teste de QI. Assim, novos testes foram criados para medir a produção divergente, os quais levavam em conta seus componentes de fluência, flexibilidade, originalidade e elaboração, entre outros.

4. Piaget e Vygotsky consideraram a questão do ambiente no funcionamento da inteligência. Piaget mostrou o papel significativo da interação dinâmica da criança com seu ambiente e apontou para a forma como outras variáveis importantes para o desenvolvimento cognitivo (a maturação, a experiência, a interação social e a equilibração) regulam o curso do desenvolvimento. Vygotsky enfatizava que o indivíduo aprende em contato com o ambiente, mediado por pessoas de seu grupo social. Logo, a criança aprende com professores ou com colegas mais velhos, que atuam em sua zona de desenvolvimento proximal, que é "a distância entre o nível de desenvolvimento real, que se costuma determinar através da solução independente de problemas, e o nível de desenvolvimento potencial, determinado através da solução de problemas sob a orientação de um adulto ou em colaboração com companheiros mais capazes" (Vygotsky, citado por Oliveira, 1997, p. 60).

Piaget, assim como Plomin, concordam que: um traço nunca se deve inteiramente à genética; a influência genética em traços como a inteligência mostra que há uma propensão probabilística na sua transmissão, e não que é uma programação predeterminada e imutável; mesmo que um traço seja altamente hereditário, as influências genéticas e ambientais interagem entre si, de forma que uma intervenção no ambiente pode ter um efeito expressivo em uma pessoa.

5. Gardner (1995, p. 14) define a inteligência como "a capacidade de resolver problemas ou elaborar produtos que sejam valorizados em um ou mais ambientes culturais ou comunitários." Para ele, a competência cognitiva humana é composta por um conjunto de habilidades, talentos ou capacidades mentais universais, como: linguística; lógico-matemática; espacial; musical; corporal-cinestésica; interpessoal; intrapessoal; naturalista; existencial.

Sternberg propõe uma teoria triárquica da inteligência, na qual afirma que a inteligência não é uma construção fixa e unitária, indo além da noção tradicional de capacidade acadêmica. Ele diz que essas habilidades podem ser aprendidas, estimuladas e ensinadas, especialmente nos ambientes escolares, e salienta três aspectos da inteligência que se revelam em pessoas superdotadas e talentosas: a inteligência analítica, a inteligência sintética e a inteligência prática.

Renzulli, em sua teoria dos três anéis, concebe a inteligência e, também, a superdotação como a interação entre as habilidades superiores e o envolvimento com a tarefa e a criatividade.

As três teorias têm em comum: não são noções fixas e imutáveis da inteligência; consideram a inteligência como multifacetada, ou seja, contém vários fatores; colocam grande importância no ambiente e na estimulação; concordam que a criatividade é um fator importante a ser levado em consideração.

Capítulo 3

1. Devemos considerar a importância dos talentos para o desenvolvimento da nossa nação. As mentes mais capazes são aquelas que levarão nosso país a competir mundialmente em grau de igualdade. Todas as pessoas apresentam aspectos comuns no seu desenvolvimento, e nem sempre têm seus talentos reconhecidos. No entanto, tais aspectos podem ser encorajados e desenvolvidos para que as pessoas tenham uma vida mais produtiva e satisfatória.

    As crianças que não são adequadamente atendidas em programas especializados, ou que não são validadas em seus talentos por seus pais, professores ou pares, tendem a apresentarem comportamentos sociais inadequados, a se tornarem hostis e agressivas e a se sentirem inseguras, frustradas e com sentimentos gerais de inadequação. Educadores devem conhecer os pontos fortes e os interesses do aluno, suas necessidades cognitivas, sociais e afetivas peculiares, a fim de dar-lhes oportunidades de construir seu próprio conhecimento no seu próprio ritmo, o que permite desenvolver um autoconceito positivo e, por fim, transformar suas potencialidades em realizações.

2. *Precoce*: geralmente se refere a uma criança que evidencia habilidade específica, prematuramente desenvolvida, em qualquer área do conhecimento, por exemplo, na música, na matemática, na linguagem ou na leitura.

    Prodígio: corresponde à criança que, em idade precoce, demonstra um nível avançado de habilidade, semelhante ao de um profissional adulto, em algum campo específico.

    Gênio: termo que anteriormente foi muito usado, mas que hoje não é mais adequado para se referir à superdotação. É reconhecido por uma produção ou contribuição que transforma um campo do conhecimento e que modifica conceitos já estabelecidos, cujos efeitos permanecem por gerações. É a palavra mais adequada para nos referirmos a pessoas como Einstein, Leonardo da Vinci, Marie Curie e Stephen Hawking.

Para finalizar, as três denominações se referem a pessoas superdotadas, ou pessoas com altas habilidades/superdotação, talentosas, brilhantes e mais capazes.

3. A primeira definição de *superdotação*, de 1994, postula que as pessoas com altas habilidades/superdotação são os educandos que apresentam notável desempenho e/ou elevada potencialidade em qualquer dos seguintes aspectos, isolados ou combinados: capacidade intelectual geral; aptidão acadêmica específica; pensamento criativo ou produtivo; capacidade de liderança; talento especial para artes; capacidade psicomotora. A contribuição desse conceito não se limita a uma percepção puramente acadêmica da superdotação, mas focaliza a pluralidade de áreas do conhecimento humano em que uma pessoa possa se destacar; entende as altas habilidades tanto como desempenho demonstrado quanto como potencialidade em vir a demonstrar um notável desempenho; e implica que a superdotação se modifica no decurso do desenvolvimento do indivíduo.

Já segunda definição de *superdotação*, dada pelo art. 5º da Resolução n. 2, de 11 de setembro de 2001, considera como educandos com altas habilidades/superdotação: "aqueles que apresentam grande facilidade de aprendizagem que os leve a dominar rapidamente conceitos, procedimentos e atitudes" (Brasil, 2001). Esse conceito ressalta duas características marcantes da superdotação, que são a rapidez de aprendizagem e a facilidade com que esses indivíduos se engajam em sua área de interesse. Destaca também a atitude diante da vida, com interesse, motivação e vontade de dominar uma determinada área, tópico ou disciplina.

4. A habilidade superior se apresenta quando há a conjunção de um grupo bem definido de traços: habilidade acima da média em alguma área do conhecimento; envolvimento com a tarefa; criatividade. A superdotação se dá no desenvolvimento humano e pode ser entendida por meio dos comportamentos observáveis apresentados pelo indivíduo quando o potencial é convertido em desempenho em uma área específica.

Os elementos da teoria dos três anéis são:

- **Habilidade acima da média**, que se refere às habilidades gerais ou específicas. É o domínio superior do potencial em alguma área específica. Dessa forma, a expressão abrange pessoas que têm a capacidade já desenvolvida ou o potencial para desenvolver habilidades em uma determinada área.
- **Envolvimento com a tarefa**, que corresponde à energia direcionada a um problema particular ou a uma área específica de desempenho. Termos como *perseverança, resistência, trabalho árduo, prática dedicada, autoconfiança, crença na própria habilidade de desenvolver um trabalho importante e ação específica aplicada à área de interesse* são geralmente utilizados para descrever o envolvimento com a tarefa.
- **Criatividade**, que envolve a originalidade (ou novidade) e a efetividade (ou utilidade, aplicação).

O padrão xadrez do desenho que representa o conceito dos três anéis se refere ao fato de que os comportamentos de superdotação são influenciados por fatores de personalidade (como autoestima, autoeficácia, coragem, força do ego, energia etc.), por fatores ambientais (nível socioeconômico, personalidade e nível educacional dos pais, estimulação dos interesses infantis, fatores de sorte etc.) e por fatores genéticos. Ainda assim, podem ser modificados e influenciados positivamente por experiências educacionais bem planejadas.

5. A concepção situacional da superdotação alega que uma criança pode mostrar seu conhecimento adquirido em um dado momento de sua vida escolar – por exemplo, lendo precocemente ou mostrando um interesse aprofundado por dinossauros, aviões ou planetas – e não demonstrar o mesmo interesse ou habilidades em momentos posteriores. Dessa forma, para Renzulli e Reis, (1997, citados por Virgolim, 2014a, p. 586), "a superdotação não é um conceito estático (isto é, tem ou não se tem), e sim um conceito dinâmico – ou seja, algumas pessoas podem apresentar um comportamento de superdotação, em algumas situações de aprendizagem/desempenho, mas não em todas as situações [...]. Esta concepção deixa bem claro que as altas habilidades/superdotação envolvem aspectos tanto cognitivos quanto de personalidade do indivíduo, nos quais os talentos emergem a medida em que as diferentes habilidades (latentes ou manifestas) de uma pessoa são reconhecidas e apresentadas, de forma criativa, em situações nas quais o indivíduo percebe-se motivado a desenvolver suas capacidades em altos níveis".

Capítulo 4

1. A identificação de superdotados é fundamental para localizar aqueles alunos cujos potenciais não estão sendo suficientemente desenvolvidos ou desafiados pelo ensino regular. Deve ser

realizada por meio de indicadores e instrumentos de medida que reflitam o conceito de superdotação adotado, os tipos de talentos ou as habilidades a serem identificados, além dos conteúdos e objetivos propostos pelo programa. Deve incluir tantos alunos quanto for possível, garantindo o direito desse grupo ao serviço.

A admissão ao programa especial deve ser supervisionada por um grupo de especialistas, e cada caso deve ser discutido individualmente, à luz dos dados coletados sobre cada aluno. O processo de avaliação da aprendizagem deve ser feito periodicamente, a fim de se verificar se os critérios para admissão no programa foram adequados para se atingir os objetivos planejados.

Por fim, uma boa identificação deve preferencialmente apontar os pontos fortes, as aptidões e os talentos de cada um em detrimento de suas fraquezas e incapacidades, como tradicionalmente se tem feito.

2. A superdotação escolar ou a habilidade do teste ou da aprendizagem da lição é facilmente identificada pelos testes de QI, pois se refere ao mesmo tipo de habilidade, que dá ênfase aos processos de aprendizagem dedutiva, ao treinamento estruturado dos processos de pensamento e à aquisição, ao estoque e à recuperação da informação. Esse é o aluno que tira boas notas na escola e prefere memorizar e reproduzir o conhecimento (é chamado de *consumidor de conhecimento*).

Já superdotação do tipo criativo-produtiva contempla o desenvolvimento de materiais e produtos originais. Destacam-se o uso e a aplicação da informação de forma integrada, indutiva e orientada para os problemas reais. O aluno, nessa abordagem, é visto como um aprendiz em primeira mão, pois escolhe os problemas com que quer trabalhar, na sua área de interesse e da forma que ele considera mais desafiadora ou interessante. É o aluno que pensa de forma não linear, que busca fazer as coisas de forma diferente dos colegas, ficando facilmente entediado com a rotina, os deveres de casa e a repetição de conteúdo. São as pessoas que Renzulli denomina *produtores do conhecimento*. De forma contrária à superdotação do tipo escolar, esse aluno tem uma atitude mais inovadora, no sentido de que ele não só consome o conhecimento, mas também o modifica e modela aos seus interesses e a sua forma de ver o mundo.

3. Os passos para a formação do *pool* de talentos são:
   - indicação por testes (incluir todos os alunos com alto QI);
   - indicação por professores (mais consistente);
   - caminhos alternativos (incluir a indicação feita pelos pais, pelos colegas ou pelo próprio aluno);
   - indicações especiais (possibilidade de o professor poder nomear um ex-aluno);
   - notificação e orientação aos pais (pais e alunos comparecem à reunião de orientação);
   - nomeações por meio da informação da ação (possibilidade de entrada do aluno pelo anel do comprometimento com a tarefa ou pela motivação).

   Esse procedimento criterioso é necessário para garantir o direito do aluno superdotado de frequentar um programa para altas habilidades, direito esse estabelecido por lei. O objetivo primordial do processo é encontrar os candidatos que se qualificam para o programa específico a ser implementado, com o cuidado de relacionar adequadamente os objetivos do programa e os instrumentos de identificação com os tipos de habilidades que serão atendidas, conforme discutimos anteriormente. Se o programa não for efetivo para o aluno, pode gerar nele sentimentos de frustração e inadequação, o que influencia negativamente no seu desenvolvimento.

4. Compactação do currículo: seleciona os aspectos mais importantes e relevantes do currículo para o aluno que já domina o conteúdo. Esse procedimento permite a esses alunos prosseguirem de forma mais rápida com o conteúdo que já foi dominado, eliminando a rotina de passar por exercícios repetitivos desnecessariamente, com o ganho de um tempo precioso, que pode ser aproveitado para o desenvolvimento de atividades de enriquecimento e para a aceleração.

   Aceleração: cumprimento do programa escolar em menor tempo, o que pode ocorrer pela admissão precoce na escola ou pela permissão de que o aluno realize seus estudos em tempo inferior ao previsto. Quem já domina os conteúdos do ano em que se encontra pode ir para uma série mais adiantada. Para indicar a aceleração, a equipe multidisciplinar deve avaliar aspectos do aluno, como o conhecimento acadêmico e a capacidade intelectual, o desenvolvimento físico e emocional e a maturidade. Também devem ser analisados as condições da escola, a receptividade do professor com relação ao processo e os interesses e desejos da criança e de seus pais.

5. A superdotação foi definida como habilidade superior em relação aos pares e em qualquer área do conhecimento. A pessoa superdotada é aquela que aprende com rapidez e facilidade, em um nível distintamente diferente dos seus pares. Quando consideramos as populações especiais, percebemos as habilidades e as áreas fortes que as destacam dos seus pares na mesma população. Portanto, todos são vistos como superdotados e suas áreas fortes devem

ser estimuladas nos programas de altas habilidades, conforme regulamenta a legislação.

Capítulo 5

1. Receber: disposição da pessoa em reconhecer ou ter consciência da existência de determinadas ideias, materiais ou fenômenos; direcionar sua atenção a ele; diferenciar, aceitar, ouvir e responder. O professor obtém, segura e direciona a atenção do aluno para o material instrucional. O aluno reconhece que o tópico existe ou discerne por sua atenção.

   Responder: envolvimento ativo, comprometimento ou engajamento do aluno; abrange participar, engajar, desempenhar e voluntariar. Aquiescência em responder, vontade de responder ao estímulo, participar, mostrar interesse e obter satisfação ou prazer na resposta.

   Valorizar: valor que o aprendiz associa ao estímulo, à ideia ou ao fenômeno, expresso em atos que demonstram seu comprometimento interno; abarca renunciar, subsidiar, dar suporte, defender, propor, justificar e debater. Aceitar e internalizar uma postura interna, mostrar preferência por certos valores, gerenciar o ambiente para encontrar uma solução e comprometer-se com ela.

   Organizar: relacionado ao comportamento afetivo. Implica discutir, teorizar, formular, equilibrar, examinar e integrar. O aprendiz coloca lado a lado diferentes valores e conflitos, estabelece relações entre eles e organiza um sistema coerente de valores; percebe suas forças e fraquezas; reconhece e aceita responsabilidades; constrói e articula sua própria filosofia de forma harmoniosa e consistente.

Caracterizar pelo valor: ação consistente com os valores internalizados, escolhas significativas e congruentes com sua filosofia pessoal. Contempla revisar, requerer, evitar, resistir, gerenciar, influenciar e resolver; demonstrar autoconfiança, praticar a cooperação, mostrar objetividade na resolução de problemas, exibir autodisciplina e agir de acordo com suas próprias crenças.

2. Algumas fontes de estresse do indivíduo superdotado são:
   - funcionamento cognitivo avançado (impõe altos padrões excessivos ou irreais a si mesmo);
   - tendência a se relacionar com pessoas mais velhas (fica mais exposto aos problemas comuns ao mundo dos adultos);
   - competência linguística precoce (tem um nível de pensamento mais maduro em questões voltadas para valores, filosofia pessoal e identidade individual);
   - início precoce dos estágios desenvolvimentais (pode atingir estágios de desenvolvimento emocional e físico em padrões alternativos e variados cronologicamente, deixando a pessoa sem o suporte empático do grupo da mesma idade);
   - rápido progresso pelos estágios desenvolvimentais (apresenta instabilidade vivenciada pela progressão mais rápida pelas fases em desenvolvimento);
   - consciência de ser diferente (a sugestão da diferença influencia em como a criança percebe a si e aos outros).

3. Segundo Silverman (2002), o assincronismo seria o resultado de um desenvolvimento desigual e do sentimento de não se encaixar nas normas da sociedade, o que faz com que o indivíduo seja levado a uma posição de vulnerabilidade social e emocional. Esse conceito tem sido visto pela literatura como parte integrante do indivíduo superdotado.

Novas pesquisas na área revelam que a assincronia não poderia ser vista como coloca Silverman, mas sim como parte apenas daquelas crianças que crescem em uma família disfuncional, sem apoio ou validação de sua identidade superdotada, ou em contextos escolares nos quais elas não conseguem um bom ajustamento social e emocional nem relações de amizade com vínculos afetivos duradouros.

Assim, seria a ineficiência do contexto social em atender as necessidades cognitivas, emocionais e sociais do superdotado os verdadeiros fatores responsáveis na manifestação do assincronismo.

4. Supersensibilidade psicomotora: alta excitabilidade no sistema neuromuscular – movimento, inquietude, ser ativo e cheio de energia; na tensão emocional – fala compulsiva, ações impulsivas, hábitos nervosos e compulsão pelo trabalho.

Supersensibilidade sensual: refinamento, vivacidade e presença da experiência sensual e dos sentidos; percepção com mais detalhes, texturas e contrastes; na tensão emocional – alimentação compulsiva, compulsão para compras, masturbação excessiva e necessidade de estar sempre em evidência.

Supersensibilidade intelectual: sede de conhecimento, descoberta, questionamento, amor pelas ideias e análises teóricas, busca da verdade; na tensão emocional – crítica excessiva (a si e aos outros), excesso de preocupação com a lógica e a verdade.

Supersensibilidade imaginativa: intensidade de imagens, riquezas de associações, facilidade para sonhar, fantasiar e inventar, dotando brinquedos e objetos com personalidade (animismo); preferência pelo incomum e único; na tensão emocional – mistura entre ficção e realidade e baixa tolerância à rotina e à repetição.

Supersensibilidade emocional: grande profundidade e intensidade da vida emocional expressa numa grande variedade de sentimentos, que vão desde uma imensa felicidade a uma profunda tristeza ou desespero, compaixão, responsabilidade e autocrítica; na tensão emocional – expressões somáticas, medos, ansiedades, sentimento de culpa, solidão e ideias suicidas.

5. Algumas sugestões de trabalho propostas neste livro são:
   - fornecer escolhas educacionais apropriadas e outras opções ao sistema educacional tradicional;
   - dar treinamento para as pessoas envolvidas, de modo a adequar o ambiente às características e necessidades do grupo;
   - tratar os superdotados como pessoas, sem estereótipos e mitos;
   - reconhecer diferenças individuais entre as populações especiais;
   - ajudar os superdotados a desenvolver a resiliência e os fatores de proteção para lidar com as adversidades;
   - buscar mentores;
   - elaborar estratégias para lidar com fatores de risco;
   - desenvolver serviços como programas educacionais, aconselhamento psicológico e familiar, programas comunitários e outros;
   - advogar e defender mudanças na cultura para promover a aceitação e o respeito pelos alunos superdotados.

Capítulo 6

1. A criatividade é inerente à condição humana; assim, todos nós somos criativos, embora em graus diferentes. As pessoas são mais criativas quando estão intrinsecamente motivadas e demonstram um interesse apaixonado por alguma coisa, por ser algo agradável, satisfatório e pessoalmente desafiador ou atraente. Não podemos estudar a criatividade se isolarmos os indivíduos e seu trabalho do ambiente histórico e social no qual eles agem. A criatividade é vista como algo que dá prazer, que eleva o grau de saúde emocional do indivíduo, e se refere a um produto novo, relevante pelo menos para a pessoa que cria.

2. Devemos levar em conta os graus ou níveis do produto, se este é valioso no círculo afetivo da pessoa que o desenvolveu, se é útil para seu meio social ou se é valioso para a humanidade como um todo.

    A criatividade pode ser avaliada segundo quatro níveis:
    - Mini-C: encontrada em crianças, refere-se a uma interpretação nova, pessoal e significativa de experiências, ações e eventos; diz respeito a uma construção que é nova pelo menos para o sujeito que a criou.
    - Pequeno-C (*little-C*): é o tipo de criatividade que a pessoa usa no seu dia a dia. Faz com que o indivíduo tenha boa pontuação em testes de criatividade. Ajuda a inventar novas ideias e soluções práticas para os problemas ao seu redor.
    - Pro-C: refere-se ao nível *expert* de criatividade, no qual a pessoa desenvolveu habilidades de pensamento e ação criativas, frutos de grande envolvimento com sua área, por uma

longa trajetória de realizações pessoais, estudo deliberado, motivação e persistência.

- Grande-C (*big-C*): corresponde àquela criatividade típica dos grandes gênios, cujas ideias mudaram o curso da ciência, da tecnologia ou das artes.

3. Segundo pesquisas na área, algumas características da pessoa criativa são:
   - fluência: gerar grande número de ideias ou de soluções para uma situação específica;
   - flexibilidade de ideias: mudar de perspectiva ao olhar um problema;
   - ideias originais e inovadoras: quebrar os padrões habituais de pensar; produzir ideias novas, incomuns; estabelecer conexões distantes e indiretas e dar respostas infrequentes e originais;
   - sensibilidade externa e interna: descobrir falhas na informação dada ou adquirida; perceber sentimentos de desconforto interno e querer mudar;
   - fantasia e imaginação: ter pensamento imaginativo, brincar, usar a fantasia para a resolução de conflitos;
   - abertura a novas experiências, independência de julgamentos e inconformismo: ver o que é comum sob outros pontos de vista; acreditar nas próprias ideias, mesmo que os outros não as apoiem; ser capaz de resistir à pressão da sociedade para pensar de uma determinada maneira, valorizando suas ideias e demonstrando autonomia;
   - uso de analogias e combinações incomuns: ter a capacidade de fazer novas conexões e associações de ideias; brincar com

ideias, formas, cores, conceitos; fazer justaposições improváveis, associações diferentes e incomuns;
- ideias enriquecidas e elaboradas: transformar uma ideia em um produto final, privilegiando a estética, planejando e harmonizando cada detalhe para formar um todo novo;
- preferência por situações de risco, motivação e curiosidade: aceitar desafios, persistir em busca de soluções diferentes para um problema, buscando caminhos novos e desafiadores; ultrapassar medos e barreiras e confiar em si mesmo;
- humor, impulsividade e espontaneidade: ter prazer de brincar com as ideias, justapondo conceitos distantes entre si, combinando elementos de maneiras incomuns, inesperados e engraçadas; ter atitude brincalhona; ter espontaneidade física e social, buscando uma maneira relaxada de lidar com o ambiente, e espontaneidade cognitiva, utilizando-se da brincadeira imaginativa;
- confiança em si mesmo e sentido de destino criativo: confiar em si mesmo e em seus recursos internos; ter autoconceito positivo; acreditar em suas próprias ideias e no seu valor; não medir esforços para atingir seus objetivos criativos.

4. De acordo com Wallas, as etapas do processo criativo são:
   - Preparação: busca de mais informações sobre o assunto ou problema; o criador define a questão, observa, estuda e se aprimora.
   - Incubação: afastamento consciente em relação ao problema, levando a mente a se desligar, deixando o problema de lado por um tempo.
   - Iluminação: algo que ocorre em momentos inesperados e de forma repentina e rápida, permitindo visualizar uma solução

ou parte da solução para o problema. A pessoa começa a ter *insights* e maior clareza das ideias, conseguindo organizá-las de forma lógica.
- Verificação: organização do problema inicial e demonstração de como surgiu a ideia – se emergiu da fase de iluminação e se satisfaz o problema e os critérios definidos no estágio de preparação; a pessoa analisa e considera as possíveis reações e leva em conta opiniões, críticas, julgamentos e avaliações sobre o problema.

5. Para tornar a sala de aula um ambiente mais criativo e prazeroso para o aluno, o professor pode:
    - dar diferentes opções de atividades, que permitam manipular diversos tipos de materiais e se envolver em atividades distintas;
    - possibilitar que o aluno faça escolhas significativas quanto ao tipo de atividade na qual deseja se engajar, com ampla liberdade de movimentos e tendo suas escolhas respeitadas;
    - fazer com que o aluno proponha seus próprios problemas e determine a maneira como quer resolvê-los, encontrando no professor encorajamento e condições propícias à exploração das possibilidades;
    - permitir que o aluno compartilhe suas descobertas com seus pares, estabelecendo com eles trocas significativas;
    - demonstrar que acredita e confia no aluno e em suas reais capacidades, respondendo ao encorajamento com um comportamento positivo, maduro e construtivo;
    - criar um clima de regras consistentes e claras em sala de aula.

6. Para que o ensino da criatividade seja efetivo, devemos considerar quatro fatores para serem desenvolvidos:
   - o ambiente, que deve ser estimulador e encorajar a criança a pensar criativamente e a resolver problemas;
   - o indivíduo, que compreende o aspecto afetivo, que se relaciona à prontidão emocional para lidar com o desconhecido, com questionamentos e desafios;
   - o aspecto intelectual, que permite à criança brincar com as ideias e agir criativamente, desenvolvendo fluência, flexibilidade, originalidade e elaboração;
   - o conteúdo, ou currículo, que deve oferecer uma plataforma para que as ideias e os problemas possam ser resolvidos criativamente

Sobre a autora

Angela Virgolim possui graduação e mestrado em Psicologia, ambos pela Universidade de Brasília. Obteve seu PhD em Psicologia Educacional pela University of Connecticut (Uconn) nos EUA, especializando-se, nessa universidade, em Psicologia da Superdotação pelo National Research Center on Gifted and Talented (hoje Renzulli Center for Creativity, Gifted Education, and Talent Development). Fez pós-doutorado na área de testes psicológicos no Laboratório de Avaliação e Medidas Psicológicas da PUC-Campinas. É atualmente professora adjunta do Departamento de Processos Psicológicos Básicos (PPB) do Instituto de Psicologia da Universidade de Brasília. Foi sócia-fundadora e primeira presidente do Conselho Brasileiro para Superdotação – ConBraSD e Editora-Chefe da Revista Brasileira de Altas Habilidades/Superdotação. Foi eleita presidente dessa instituição para o biênio 2019-2020. Sua produção bibliográfica versa principalmente sobre os temas relacionados a inteligência, motivação, criatividade e superdotação. Recebeu o Prêmio Jabuti 2015 na categoria Educação e Pedagogia pela obra *Altas Habilidades/Superdotação, inteligência e criatividade*, publicada pela Editora Papirus e produzida em coautoria com a Dra. Eisabete Konkiewitz.

Impressão:
Dezembro de 2018.